W0055249

Lenaliciously

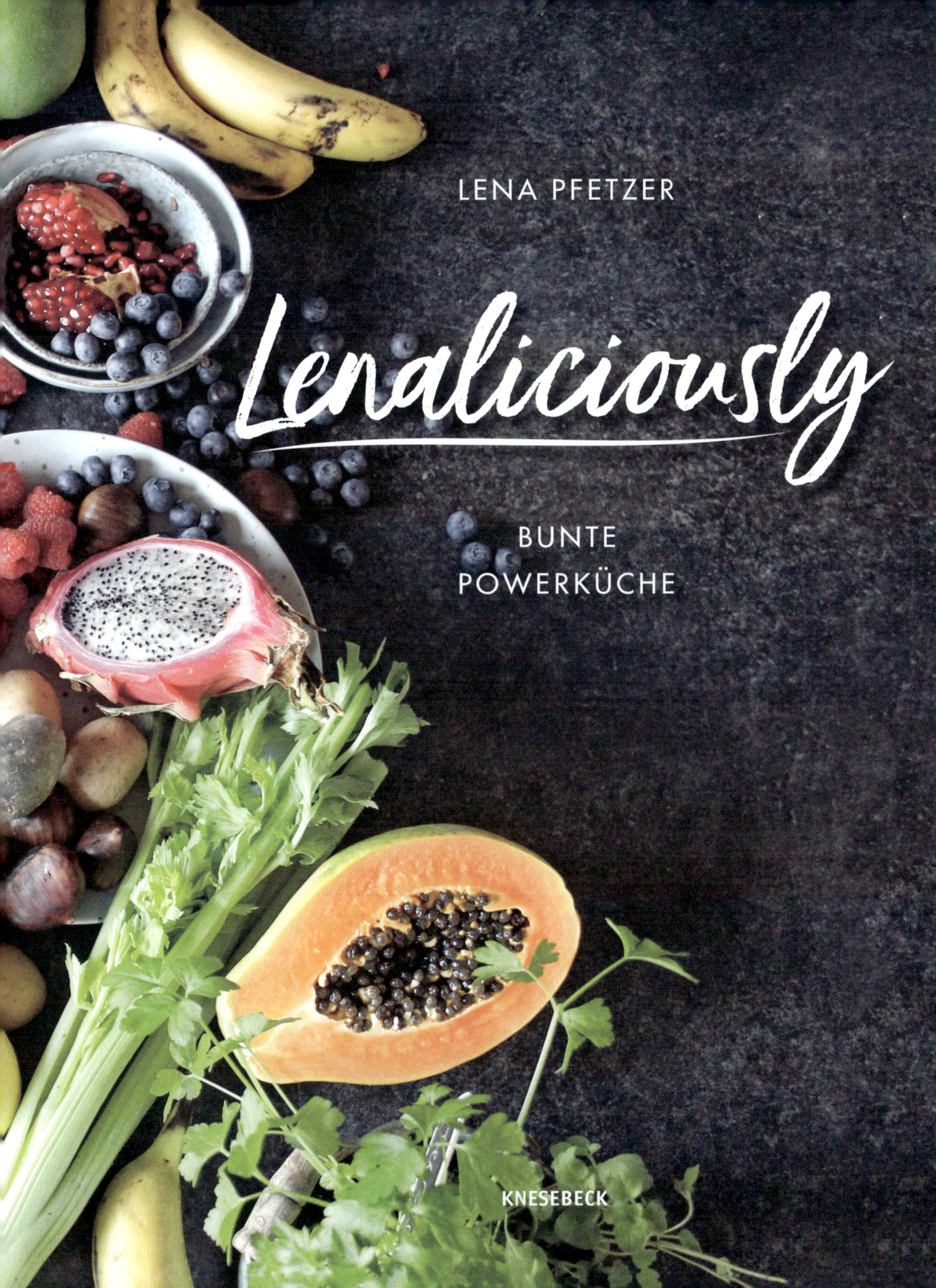

INHALT

Über Lenaliciously

Schon wieder ein veganes Kochbuch? Sieht so aus, denn die Rezepte auf den folgenden Seiten kommen ganz ohne tierische Produkte aus. Aber keine Sorge: Ich bin keine Ernährungswissenschaftlerin und möchte niemandem vorschreiben, was er zu essen hat und gut für ihn ist. Wer also seinen Porridge statt mit Mandel- doch lieber mit Kuhmilch zubereiten möchte, wem es zu den Zoodles nach Parmigiano Reggiano gelüstet und für wen in die Sommerrollen eben ein paar Shrimps gehören, der möge unbedingt seinen Vorlieben folgen. Wir selbst wissen schließlich am allerbesten, was das Richtige für unsere Köper und Seelen ist!

Ich für meinen Teil stellte ziemlich früh fest, dass es mir mit einer veganen – und mittlerweile auch weitgehend glutenfreien – Ernährungsweise psychisch und physisch am allerbesten geht. Als ich zehn war, hatte ich einfach keine Lust mehr auf Eier, Fleisch und Fisch.

Auch Käse, Joghurt und Quark mochte ich nie wirklich gern. Vor drei Jahren fand ich dann heraus, dass ich eine Laktoseintoleranz entwickelt hatte. Seitdem verzichte ich komplett auf Milchprodukte. Nach der Umstellung verbesserte sich mein Hautbild innerhalb eines Monats erheblich, und ich hatte mehr Power und Lebensfreude als je zuvor.

Der endgültige Abschied von tierischen Produkten fühlte sich für mich also überhaupt nicht nach Verzicht an – im Gegenteil: Plötzlich hatte ich unzählige Rezept- und Bildideen im Kopf und ich begann, meine Küchenexperimente auf Instagram (@lenaliciously), meinem Blog (www.lenaliciously.com) und YouTube zu teilen. Für dieses Buch habe ich hundert leckere und energiespendende Gerichte entwickelt, die umwerfend aussehen und einfach nachzukochen sind. Die Zutaten dafür bekommt ihr ausnahmslos im Super- oder Drogeriemarkt bzw. im Bioladen. Wenn ihr dann noch einen guten Mixer in der Küche stehen habt (und vielleicht sogar auch Waffeleisen, Donutmaker und Spiralschneider), könnt ihr sofort loslegen.

Viel Spaß beim Blättern,
Experimentieren und Genießen!

Eure Lena

Frühstücks-lieblinge

SMOOTHIE, PUDDING, PORRIDGE

Sich aus dem Bett quälen, nachdem der Wecker schon dreimal geklingelt hat, um dann festzustellen, dass die Lieblingsklamotten feucht auf der Wäscheleine hängen... An Morgen wie diesen hilft nur die Aussicht auf ein erstklassiges Frühstück!

———

Auf den folgenden Seiten findet ihr meine bunten Frühstückslieblinge für einen Powerstart in den Tag. Mir schmecken sie übrigens als Zwischenmahlzeit oder Dessert genauso gut wie am Morgen – von der klassischen Mahlzeiteneinteilung halte ich ohnehin nicht so viel …

Pinker Smoothietraum mit Chiapudding

für 2 Personen

Für den Chiapudding

3 EL Chiasamen
2 EL Kokosblütenzucker
60 ml Kokoswasser

Für den Smoothie

4 Bananen
1 Apfel
1 Birne
120 g frische oder gefrorene
   Himbeeren
½ TL Vanilleextrakt
320 ml Kokosmilch

Zum Anrichten

50 g frische Himbeeren
4 EL frische Granatapfelkerne

Chiapudding

Die Chiasamen, den Kokosblütenzucker und das Kokoswasser in einer kleinen Schüssel verrühren und mindestens 30 Minuten quellen lassen.

Smoothie

Die Bananen schälen und halbieren. Den Apfel und die Birne vierteln und das Kerngehäuse entfernen. Das Obst in einen Hochleistungsmixer geben. Die Himbeeren, den Vanilleextrakt und die Kokosmilch zugeben und alles zu einem cremigen Smoothie mixen.

Anrichten

Den Smoothie auf 2 Schalen verteilen. Dann mit je 2 EL Chiapudding, sowie frischen Himbeeren und frischen Grantapfelkernen garnieren und den pinken Smoothietraum sofort genießen.

Erdnussbutter-Schoko-Smoothie mit Quinoacrunch

Quinoa ist ein echter Supersamen und kommt voller Proteine und Ballaststoffe, dafür aber ohne Gluten daher. Als knuspriges Frühstücks-Topping macht sie sich ganz hervorragend – im Müsli, zum Joghurt mit Früchten oder, wie hier, zum cremigen Smoothie.

für 2 Personen

Für den Quinoacrunch

70 g gekochte Quinoa
30 ml Kokosblütensirup
20 g getrocknete Maulbeeren
1 TL Zimtpulver
1 TL Ingwerpulver

Für den Erdnussbutter-Schoko-Smoothie

4 Bananen
4 große Medjool-Datteln
60 g Haferflocken
55 g Erdnussbutter
20 g ungesalzene Erdnusskerne
50 g geschmolzene dunkle
   vegane Schokolade
3 EL Chiasamen
1 TL Vanilleextrakt
320 ml Kokoswasser
40 ml Kokosmilch

Zum Anrichten

1 Banane, geschält und in
   Scheiben geschnitten
40 g frische Himbeeren
1 frische Feige, geviertelt

Quinoacrunch

Den Backofen auf 180 °C (Ober-/Unterhitze) vorheizen und ein Backblech mit Backpapier auslegen.

Die gekochte Quinoa, den Kokosblütensirup, die klein gehackten Maulbeeren, das Zimtpulver und das Ingwerpulver in eine Schüssel geben und vermischen. Diese Mischung großflächig auf das Backblech geben und 25 Minuten backen, bis der Quinoacrunch knusprig und goldbraun ist. Den Quinoacrunch samt dem Backpapier vom heißen Blech ziehen und abkühlen lassen.

Erdnussbutter-Schoko-Smoothie

Die Bananen schälen, halbieren und in einen Hochleistungsmixer füllen. Die Datteln entsteinen und ebenfalls in den Mixer geben. Die Haferflocken, die Erdnussbutter, die Erdnusskerne, die geschmolzene Schokolade, die Chiasamen und den Vanilleextrakt zugeben und alles fein pürieren. Dann das Kokoswasser und die Kokosmilch zugeben und alles zusammen cremig mixen.

Anrichten

Den Erdnussbutter-Schoko-Smoothie auf 2 Schalen verteilen und mit Bananenscheiben, frischen Himbeeren und Feigenvierteln garnieren. Zum Schluss mit dem Quinoacrunch bestreuen und sofort genießen.

Karotten-Sellerie-Smoothie

für 2 Personen

Für den Smoothie

10 junge Karotten
4 Bananen
½ Mango
1 Stange Staudensellerie
45 g frischer Ingwer
50 g Haferflocken
35 g gefrorene Himbeeren
200 ml Kokoswasser
60 ml Kokosmilch
1 TL Kurkumapulver
1 TL Zimtpulver
1 TL Agavendicksaft

Zum Anrichten

1–2 EL frische Granatapfelkerne
1–2 EL getrocknete Physalis
1 Passionsfrucht
1 TL Blütenpollen (Bienenpollenkügelchen)
1 TL geschälte Hanfsamen
1 TL Chiasamen

Smoothie

Die Karotten gründlich waschen, putzen und in kleine Stücke schneiden. Die Bananen schälen und halbieren. Die Mango ebenfalls schälen, vom Stein befreien und in grobe Würfel schneiden. Den Sellerie waschen und klein würfeln. Das Obst und das Gemüse in einen Hochleistungsmixer geben. Den Ingwer schälen, in dünne Scheiben schneiden und ebenfalls in den Mixer geben. Dann die Haferflocken, die gefrorenen Himbeeren, das Kokoswasser und die Kokosmilch zugeben und alles fein pürieren. Den Smoothie mit Kurkuma, Zimt und Agavendicksaft abschmecken.

Anrichten

Den Karotten-Sellerie-Smoothie auf 2 Schalen verteilen. Mittig einige frische Granatapfelkerne, getrocknete Physalis und frisch ausgelöffeltes Passionsfruchtfleisch geben. Dann mit Blütenpollen, geschälten Hanfsamen und Chiasamen bestreuen und sofort genießen.

Tropical-Kick-Smoothie

»Don't forget your greens!« – mit diesem tropisch-frischen Smoothie kein Problem. Übrigens: Hanfsamen machen nicht high, stecken aber voller Proteine und Mineralstoffe und verleihen jedem Frühstück einen leicht nussigen Geschmack.

für 2 Personen

Für den Smoothie

100 g frischer Spinat
1 Salatgurke
½ Mango
3 Bananen
40 g frische Kiwibeeren
4 große Medjool-Datteln
320 ml frisches Kokoswasser
150 g frisches Kokosnussfleisch
30 ml Kokosmilch
Saft einer Limette

Zum Anrichten

geschälte Hanfsamen, nach
    Belieben
Kokosblütensirup, nach Belieben

Smoothie

Die Spinatblätter waschen und gut trocken schütteln. Die Salatgurke waschen und in grobe Stücke schneiden. Die Mango schälen, vom Stein befreien und das Fruchtfleisch in grobe Stücke schneiden. Die Bananen schälen und halbieren. Die Kiwibeeren waschen. Die Datteln entsteinen. Das Gemüse und das Obst in einen Hochleistungsmixer geben. Das Kokoswasser, das Kokosnussfleisch, die Kokosmilch und den frisch gepressten Limettensaft zugeben und alles zu einem cremigen Smoothie mixen.

Anrichten

Den Tropical-Kick-Smoothie auf 2 Schalen verteilen. Nach Belieben mit geschälten Hanfsamen bestreuen und mit etwas Kokosblütensirup beträufeln. Dann sofort genießen.

Sunshine-Smoothie

Für 2 Personen

Für den gelben Smoothie

1 Mango
3 Bananen
125 ml Kokoswasser
50 g Kokosflocken
2 TL Kurkumapulver

Für den pinken Smoothie

2 Bananen
80 ml Kokosmilch
60 ml Granatapfelsaft
55 ml Rote-Bete-Saft
40 g gefrorene Himbeeren

Gelber Smoothie

Die Mango schälen, vom Stein befreien und das Fruchtfleisch grob würfeln. Die Bananen schneiden und halbieren. Das Obst in einen Hochleistungsmixer geben. Das Kokoswasser, die Kokosflocken und das Kurkumapulver zugeben und alles zu einem cremigen Smoothie mixen.

Pinker Smoothie

Die Bananen schälen, halbieren und in einen Hochleistungsmixer geben. Die Kokosmilch, den Granatapfelsaft, den Rote-Bete-Saft und die gefrorenen Himbeeren zugeben und alles zu einem cremigen Smoothie mixen.

Anrichten

Zunächst den gelben Smoothie in hohe Gläser oder Flaschen füllen. Dann vorsichtig den pinken Smoothie einfüllen und ein langes Holzstäbchen durch beide Smoothies von oben nach unten leicht hindurchziehen, sodass ein marmoriertes Muster entsteht. Sofort genießen.

Blitz-Smoothie mit Roter Bete

Für den schnellen Energiekick: Dieser Smoothie ist im Handumdrehen
gemixt und hebt die Laune sofort.

für 2 Personen

Für den Smoothie

4 Bananen
2 vorgegarte Rote Beten
2 große Medjool-Datteln
300 ml Kokoswasser

Smoothie

Die Bananen schälen und halbieren. Die Roten Beten in grobe Stücke
schneiden. Die Datteln entsteinen. Alles in einen Hochleistungsmixer geben und mit dem Kokoswasser zu einem cremigen Smoothie mixen.

Anrichten

Den Rote-Bete-Smoothie in kleine Gläser oder Flaschen füllen, Trinkhalme
dazu reichen und sofort genießen.

Halbgefrorener Acaismoothie

für 2 Personen

Für den Smoothie

2 reife Mangos
4 reife Bananen, geschält und
    gefroren
150 g gefrorene Himbeeren
120 g Heidelbeeren
Saft von ½ Limette
2 TL Acaipulver
20 ml Kokosmilch

Zum Anrichten

2 Passionsfrüchte
2 frische Feigen, geviertelt
50 g gemischte frische Beeren
    (Himbeeren, Heidelbeeren)
3 EL geschälte Hanfsamen

Smoothie

Die Mangos schälen, vom Stein befreien und in Stücke schneiden. Das Mangofruchtfleisch, die gefrorenen Bananen, die gefrorenen Himbeeren, die Heidelbeeren, den frisch gepressten Limettensaft, das Acaipulver und die Kokosmilch in einen Hochleistungsmixer füllen. Alles so lange pürieren, bis eine feste, leicht cremige Eismasse entstanden ist.

Anrichten

Den halbgefrorenen Acaismoothie auf 2 Schalen verteilen. Die Passionsfrüchte halbieren und mit einem Löffel das Fruchtfleisch samt den Kernen herauslöffeln. Die Smoothie-Bowls mit Passionsfruchtfleisch, frischen Feigenvierteln und frischen Beeren garnieren. Zum Schluss mit geschälten Hanfsamen bestreuen und sofort genießen.

Kurkuma-Mango-Shake

Kurkuma, das »goldene Wundermittel«, ist seit Jahrtausenden Bestandteil der ayurvedischen Heilkunst und wartet mit krebs- und entzündungshemmenden Eigenschaften auf.

für 2 Personen

Für den Shake

2 reife Mangos
2 Bananen
150 ml Kokosmilch
80 ml Kokoswasser
5 g frischer Ingwer, geschält
2 TL Kurkumapulver
½ TL Zimtpulver
1 TL Kokosblütenzucker

Zum Anrichten

2 TL getrocknete Physalis
2 TL weiße Sesamsamen
1 TL Kokosblütensirup

Shake

Die Mangos schälen, vom Stein befreien und in kleine Stücke schneiden. Die Bananen schälen und halbieren. Das Obst, die Kokosmilch, das Kokoswasser, den kleingewürfelten Ingwer, das Kurkumapulver, das Zimtpulver und den Kokosblütenzucker in einen Hochleistungsmixer füllen und fein pürieren.

Anrichten

Den Kurkuma-Mango-Shake auf 2 Schalen verteilen. Mittig einige getrocknete Physalis geben und mit Sesamsamen bestreuen. Zum Schluss mit Kokosblütensirup beträufeln und sofort genießen.

Ombré-Cashew-Joghurt

für 2 Personen

Für den Cashew-Joghurt

120 g Cashewkerne, mindestens
   2 Stunden in 200 ml heißem
   Wasser eingeweicht
220 ml Kokosmilch
30 g Kokosblütenzucker
3 TL Agavendicksaft
2 TL Flohsamenschalenpulver

Zum Fertigstellen

20 ml Rote-Bete-Saft
60 g frische Himbeeren
4 TL gefriergetrocknetes
   Rote-Bete-Pulver

Zum Anrichten

frische Beeren oder Früchte
frisch gehackte Cashewkerne

Cashew-Joghurt

Die eingeweichten Cashewkerne abgießen und in einen Hochleistungs-mixer füllen. Die Kokosmilch, den Kokosblütenzucker, den Agavendicksaft und das Flohsamenschalenpulver zugeben und alles zu einem cremigen Cashew-Joghurt mixen.

Fertigstellen

Als Erstes den Rote-Bete-Saft, 15 g Himbeeren und 1 TL Rote-Bete-Pulver zu dem cremefarbenen Cashew-Joghurt geben und gut durchmixen, bis ein leicht pinkfarbener Cashew-Joghurt entsteht. Ungefähr ein Viertel dieser Masse herausnehmen, in eine Schüssel füllen und beiseitestellen. Dann er-neut 15 g Himbeeren und 1 TL Rote-Bete-Pulver hinzugeben, mixen und ein weiteres Viertel der Masse entnehmen. Diesen Vorgang 2 Mal wiederho-len, bis 4 Schüsseln Cashew-Joghurt mit unterschiedlichen Farbabstufun-gen (von hellpink bis dunkelpink) fertig gemixt sind.

Anrichten

Für den Ombré-Look die einzelnen 4 Cashew-Joghurts der Farbe nach in Gläser schichten, dabei mit dem dunkelpinken Cashew-Joghurt beginnen und als letzte Schicht den hellpinken Cashew-Joghurt einschichten. Den Ombré-Cashew-Joghurt mit frischen Beeren und gehackten Cashewkernen garnieren und sofort genießen.

Kokos-Chiapudding mit warmen Birnen

für 1 Person

Für den Chiapudding
80 ml Kokosmilch
20 g Chiasamen
3 EL fein gemahlene Kokosflocken
2 TL Kokosblütenzucker

Für die Birnen
1 reife Birne
2 TL Kokosöl
10 g brauner Zucker
10 ml Wasser

Zum Anrichten
frische Bananenscheiben,
   nach Belieben
frische Heidelbeeren,
   nach Belieben
getrocknete essbare Blüten,
   nach Belieben

Chiapudding
Die Kokosmilch in eine kleine Schüssel füllen. Dann die Chiasamen einrieseln lassen und die Kokosflocken sowie den Kokosblütenzucker unterrühren. Die Schüssel in den Kühlschrank stellen und alles 20 Minuten quellen lassen.

Birnen
Die Birne längs halbieren und mit einem großen Kugelausstecher oder einem Teelöffel das Kerngehäuse entfernen. Das Kokosöl in einer kleinen Pfanne erhitzen. Dann den Zucker hineinstreuen und die Birnenhälften mit der Schnittfläche nach unten in die Pfanne legen. Die Birnen bei milder Hitze 5 Minuten karamellisieren lassen. Dann mit dem Wasser ablöschen und weitere 5–8 Minuten pochieren.

Anrichten
Den gequollenen Chiapudding in eine Schale geben. Mittig die karamellisierten, warmen Birnenhälften auf den Chiapudding setzen und rundherum mit Bananenscheiben und frischen Heidelbeeren garnieren. Zum Schluss nach Belieben getrocknete essbare Blüten darüberstreuen und sofort genießen.

Rote-Bete-Smoats

Die Kombination aus Smoothie und Oatmeal ist mein absoluter Frühstücksliebling und hält lange satt. Wem die Rote Bete nicht zusagt, der nimmt den Kurkuma-Mango-Shake (S. 31) oder den Karotten-Sellerie-Smoothie (S. 19) zur Grundlage.

für 2 Personen

Für den Smoats

3 mittelgroße gekochte Rote Beten
3 reife Bananen
20 g gefrorene Himbeeren
220 ml Kokoswasser
80 ml Kokosmilch
1 TL Agavendicksaft
1 TL Zimtpulver
55 g feine Haferflocken

Zum Anrichten

30 g frische Himbeeren
3 EL Kokosflocken
1 TL Blütenpollen (Bienenpollenkügelchen)
2 geschälte Mini-Kokosnüsse (Coquitos), nach Belieben

Smoats

Die Roten Beten in große Stücke schneiden und in einen Hochleistungsmixer geben. Die Bananen schälen, halbieren und zugeben. Dann die gefrorenen Himbeeren in den Mixer geben und alles mit dem Kokoswasser und der Kokosmilch aufgießen. Alles zusammen zu einem cremigen Smoothie pürieren. Den Smoothie mit dem Agavendicksaft und dem Zimtpulver abschmecken und durchmixen. Dann die Haferflocken zugeben und 30 Sekunden auf kleinster Stufe durchmischen.

Anrichten

Den Smoats auf 2 Schalen verteilen und mit frischen Himbeeren und Kokosflocken garnieren. Als Topping einige Blütenpollen sowie nach Belieben halbierte Coquitos auf den Smoats geben.

Quinoa-Mandel-Porridge aus dem Ofen

für 1 Person

Für den Quinoa-Mandel-Porridge

220 ml Kokosmilch
80 g Quinoa
60 g Haferflocken
30 g Kokosblütenzucker
1 EL Mandelbutter
1 ½ TL Zimtpulver
1 TL Vanilleextrakt
1 TL Ingwerpulver

Zum Überbacken

1 Apfel
2 EL Haselnusskerne

Zum Anrichten

1 TL Mandelbutter

Quinoa-Mandel-Porridge

Die Kokosmilch in einem Topf aufkochen, die Quinoa einrieseln lassen und zugedeckt 15 Minuten sanft köcheln lassen. Dann die Haferflocken und den Kokosblütenzucker unterrühren und weitere 8 Minuten zu einem Porridge einkochen. Den Porridge mit der Mandelbutter, dem Zimtpulver, dem Vanilleextrakt und dem Ingwerpulver abschmecken.

Überbacken

Rechtzeitig den Backofen auf 180 °C (Ober-/Unterhitze) vorheizen.
Den Apfel waschen und samt der Schale quer in dünne Scheiben schneiden. Die Haselnusskerne grob hacken.
Den fertigen Quinoa-Mandel-Porridge in eine kleine ofenfeste Schale füllen. Dann die Apfelscheiben dachziegelartig auf dem warmen Porridge anrichten und mit Haselnusskernen bestreuen. Die Schale in den vorgeheizten Backofen stellen und den Porridge auf der mittleren Schiene 20–25 Minuten goldbraun und knusprig überbacken.

Anrichten

Die Mandelbutter auf den fertig überbackenen Quinoa-Mandel-Porridge geben und heiß genießen.

Porridge-Variationen

Beim Porridge-Kochen sind eurer Fantasie keine Grenzen gesetzt. Hier kommen acht meiner Lieblings-Variationen für einen wohlig warmen Start in den Tag. Alle Rezepte lassen sich nach Belieben mit frischen Früchten der Saison, Nüssen und Samen garnieren.

für jeweils 2 Personen

Heidelbeer-Porridge

225 ml Mandelmilch
120 g Haferflocken
80 g frische Heidelbeeren
40 g getrocknete Heidelbeeren
20 ml Agavendicksaft
2 TL Kokosblütenzucker
½ TL Salz

Die Mandelmilch in einem Topf aufkochen, dann die Haferflocken, die frischen und die getrockneten Heidelbeeren zugeben und unterrühren. Alles zusammen 15 Minuten bei niedriger Hitze köcheln lassen. Zum Schluss mit dem Agavendicksaft, dem Kokosblütenzucker und dem Salz abschmecken und warm genießen.

Quinoa-Porridge

180 ml Kokosmilch
70 g Haferflocken
55 g Quinoa
30 g Kokosblütenzucker
1–2 TL Zimtpulver
1–2 TL Vanilleextrakt

Die Kokosmilch in einem Topf aufkochen, dann die Haferflocken und die Quinoa zugeben und unterrühren. Alles zusammen 20–25 Minuten leicht köcheln lassen. Anschließend den Kokosblütenzucker unterrühren. Zum Schluss den Quinoa-Porridge mit Zimtpulver und Vanilleextrakt abschmecken und warm genießen.

Kokos-Schoko-Porridge

180 ml Kokosmilch
120 g Haferflocken
50 g dunkle vegane Schokolade, gehackt
2–3 EL Kakaopulver
3 EL Kokosblütenzucker
2 TL Agavendicksaft
1 TL Zimtpulver

Die Kokosmilch in einem Topf aufkochen, dann die Haferflocken, die gehackte Schokolade und das Kakaopulver zugeben. Alles gut verrühren und zugedeckt bei milder Hitze 10–13 Minuten köcheln lassen. Zum Schluss mit Kokosblütenzucker, Agavendicksaft und Zimtpulver abschmecken und warm genießen.

Matcha-Porridge

150 ml Mandelmilch
85 g Quinoa
85 g Buchweizenflocken
3 TL Matchapulver
30 g Kokosblütensirup
1 TL Vanilleextrakt

Die Mandelmilch in einem Topf
aufkochen, dann die Quinoa,
die Buchweizenflocken und das
Matchapulver zugeben und
verrühren. Alles zugedeckt bei
milder Hitze 20–25 Minuten
köcheln lassen. Den Matcha-
Porridge mit Kokosblütensirup
und Vanilleextrakt abschmecken
und warm genießen.

Karotten-Porridge

2 mittlere Karotten
100 g Haferflocken
160 ml Mandelmilch
35 g Kokosblütenzucker
2 TL Vanilleextrakt

Die Karotten schälen, fein raspeln und zusammen mit den Haferflocken in einer Schüssel vermischen. Die Mandelmilch in
einem Topf aufkochen, dann die
Haferflocken-Karotten-Mischung
zugeben und vermengen. Alles
zusammen zugedeckt 15 Minuten köcheln lassen. Zum Schluss
den Karotten-Porridge mit Kokosblütenzucker und Vanilleextrakt
abschmecken und warm genießen.

Quinoa-Buchweizen-Porridge

110 ml Wasser
70 g Quinoa
70 g Buchweizen
40 ml Kokosmilch
30 g Kokosblütenzucker
2 TL Zimtpulver

Das Wasser in einem Topf aufko-
chen, dann die Quinoa und den
Buchweizen einrieseln lassen.
Alles zusammen zugedeckt 25
Minuten bei milder Hitze leicht
köcheln und quellen lassen.
Dann die Kokosmilch unterrühren
und mit Kokosblütenzucker und
Zimtpulver abschmecken. Den
Quinoa-Buchweizen-Porridge
warm genießen.

Apple-Pie-Porridge

2 Äpfel
40 g Mandelkerne
180 ml Hafermilch
90 g Haferflocken
35 g Kokosblütenzucker
2 TL Zimtpulver
2 TL Vanilleextrakt

Die Äpfel vierteln, das Kerngehäuse entfernen und in kleine
Stücke schneiden. Die Mandelkerne grob hacken.
Die Hafermilch in einem Topf
aufkochen, dann die Haferflocken, die Apfelwürfel und die
Mandelkerne zugeben und
verrühren. Alles zugedeckt 15
Minuten köcheln lassen. Den
Porridge mit Kokosblütenzucker,
Zimtpulver und Vanilleextrakt abschmecken und warm genießen.

Kurkuma-Porridge

140 ml Kokoswasser
65 g Quinoa
2 TL Kurkumapulver
30 ml Kokosmilch
20 g brauner Zucker
3 EL Agavendicksaft
1 TL Ingwerpulver

Das Kokoswasser in einem Topf
aufkochen, dann die Quinoa,
das Kurkumapulver und die Kokosmilch zugeben und verrühren. Alles
zusammen zugedeckt 20–25
Minuten sanft köcheln lassen. Den
Quinoa-Porridge mit braunem
Zucker, Agavendicksaft und Ingwerpulver abschmecken und warm
genießen.

Maca-Porridge mit Orangen-Smoothie

für 2 Personen

Für den Maca-Porridge

140 ml Wasser
60 g Haferflocken
20 ml Kokosmilch
3 TL Kokosblütenzucker
1 TL Vanilleextrakt
1 TL Macapulver

Für den Orangen-Smoothie

4 Orangen
½ TL Salz
2 TL Kokosblütenzucker
170 ml heißes Wasser

Zum Anrichten

1 frische Feige, geviertelt
1 Orange, geschält und in
   Scheiben geschnitten
2 TL geschälte Hanfsamen,
   nach Belieben

Maca-Porridge

Das Wasser in einem Topf aufkochen, dann die Haferflocken und die Kokosmilch unterrühren. Alles zusammen zugedeckt 10–15 Minuten sanft köcheln lassen. Den Haferbrei mit Kokosblütenzucker, Vanilleextrakt und Macapulver abschmecken.

Orangen-Smoothie

Die Orangen großzügig mit einem Messer schälen, dabei die weißen Hautbestandteile so gut wie möglich abschneiden. Die Orangen halbieren und in einen Hochleistungsmixer geben. Das Salz und den Kokosblütenzucker zugeben und mit dem heißen Wasser auffüllen. Alles zusammen zu einem cremigen Smoothie pürieren.

Anrichten

Den Maca-Porridge auf 2 Schalen verteilen. Dann den warmen Orangen-Smoothie auf den Haferbrei geben und mit frischen Feigenvierteln und Orangenscheiben garnieren. Zum Schluss nach Belieben Hanfsamen als Topping darüberstreuen und warm genießen.

Nektarinen-Hafer-Crumble

für 2 Personen

Für die karamellisierten Nektarinen mit Crumble

Kokosöl zum Einfetten der Pfanne
4 Nektarinen
120 g Haferflocken
65 g Mandelmehl
60 g brauner Zucker
2 TL Chiasamen
1 TL Backpulver
1 TL Vanilleextrakt
50 g geschmolzenes Kokosöl

Zum Anrichten

Casheweis (Rezept auf Seite 216)
etwas Kokosblütensirup zum
    Garnieren
essbare Blüten, nach Belieben

Karamellisierte Nektarinen mit Crumble

Den Backofen auf 180° C (Ober-/Unterhitze) vorheizen und eine mittlere Gusseisenpfanne mit 2 TL Kokosöl einfetten.

Die Nektarinen halbieren, entkernen, in dünne Spalten schneiden und in der vorbereiteten Gusseisenpfanne verteilen.

Für den Crumbleteig die Haferflocken, das Mandelmehl, den braunen Zucker, die Chiasamen, das Backpulver und den Vanilleextrakt in eine Schüssel geben. Alles gut durchmischen. Anschließend das geschmolzene Kokosöl zugeben und mit einem Löffel verrühren, bis sich alles gut verbunden hat. Diesen Crumbleteig über den Nektarinen verteilen. Die Gusseisenpfanne in den vorgeheizten Backofen schieben und die Nektarinen auf der mittleren Schiene 20–25 Minuten goldbraun und knusprig überbacken. Dann aus dem Backofen nehmen und 5 Minuten abkühlen lassen.

Anrichten

Einen großen Klecks Casheweis auf den Crumble geben, mit Kokosblütensirup und essbaren Blüten garnieren und sofort servieren.

Kokos-Sesam-Granola mit Dattel-Bananen-Milch

für 2 Personen

Für das Granola

180 g Kokosflocken
150 g Haferflocken
30 g Chiasamen
2 EL weiße Sesamsamen
2 EL Kokosblütenzucker
50 g Kokosöl
30 g Kokosnussmus
2 TL Agavendicksaft

Für die Dattel-Bananen-Milch

3 Bananen
4 große Medjool-Datteln
110 ml Wasser

Zum Anrichten

frische Heidelbeeren,
 nach Belieben

Granola

Den Backofen auf 180° C (Ober-/Unterhitze) vorheizen und ein Backblech mit Backpapier auslegen.

In einer Schüssel die Kokosflocken, die Haferflocken, die Chiasamen, die Sesamsamen und den Kokosblütenzucker miteinander vermengen.

In einem kleinen Topf das Kokosöl, das Kokosnussmus und den Agavendicksaft behutsam erhitzen. Diese Flüssigkeit über die Haferflockenmischung gießen und alles mit einem Löffel zu einer klebrigen Masse vermengen.

Die Masse auf dem vorbereiteten Backblech verteilen. Das Backblech in den Backofen schieben und das Granola auf der mittleren Schiene 8–12 Minuten goldbraun backen.

Anschließend das Backblech aus dem Backofen nehmen und das Granola samt dem Backpapier vom heißen Blech ziehen. Das Granola vollständig abkühlen lassen. (Sollte das Granola nicht sofort verwendet werden, dieses in ein Glas füllen und luftdicht verschließen. So bleibt es mehrere Tage knusprig.)

Dattel-Bananen-Milch

Die Bananen schälen und in kleine Stücke schneiden. Die Datteln entkernen. Das Obst in einen Hochleistungsmixer füllen, dann mit dem Wasser aufgießen und alles cremig pürieren.

Anrichten

Das Kokos-Sesam-Granola in 2 Schalen füllen und mit der Dattel-Bananen-Milch aufgießen. Nach Belieben mit frischen Heidelbeeren garnieren und sofort genießen.

Heiße Eisen

PANCAKES, WAFFELN,
DONUTS

Meine Liebe zu Waffeln, Pfannkuchen und Donuts in allen erdenklichen Formen, Farben und Geschmacksrichtungen kennt keine Grenzen. Was schmeckt ist erlaubt, und Experimentieren ausdrücklich erwünscht.

———

Knallbunt, hoch aufgetürmt, fruchtig süß und würzig pikant: Hier sind sie, die köstlichsten Kreationen aus der Pfanne, dem Waffeleisen und dem Donutmaker.

Quinoa-Reis-Pancakes mit Avocado-Mango-Salsa

für 2 Personen | ca. 6-8 Stück

Für die Quinoa-Reis-Pancakes

150 ml Wasser
65 g weiße Quinoa, ungekocht
1–2 TL frisch gemahlener
schwarzer Pfeffer
1–2 TL Salz
35 g Reismehl (aus dem Natur-
kostregal, oder selbst gemahlen)
3 TL flüssiges Kokosöl

Für die Avocado-Mango-Salsa

1 reife Mango
1 reife Avocado
Saft einer Limette
1–1½ TL Curry-Gewürzmischung
1 TL Salz
1 TL frisch gemahlener
schwarzer Pfeffer

Zum Anrichten

feine Zesten von einer unbehandel-
ten Zitrone oder Limette
frische Korianderblättchen
Schwarzkümmelsamen

Quinoa-Reis-Pancakes

Das Wasser in einem Topf aufkochen, die Quinoa hinzugeben und zuge-deckt 20 Minuten sanft köcheln lassen. Sobald die Quinoa aufgequollen ist, alles mit Salz und Pfeffer abschmecken und abkühlen lassen. Den Back-ofen auf 180 °C (Ober-/Unterhitze) vorheizen und ein Backblech mit Back-papier auslegen.

In einer Schüssel die abgekühlte Quinoa, das Reismehl sowie das Ko-kosöl miteinander vermischen. Jeweils 1–2 EL Teig mit angefeuchteten Hän-den zu Pancakes formen und auf dem Backblech verteilen. Die Pancakes insgesamt 25 Minuten knusprig backen, dabei die Pancakes nach der Hälfte der Backzeit einmal wenden.

Avocado-Mango-Salsa

Die Mango und die Avocado schälen und vom Stein befreien. Das Man-go- und Avocadofruchtfleisch in Würfel schneiden und auf 2 Servierschäl-chen verteilen. Den Limettensaft auspressen und mit der Curry-Gewürz-mischung, dem Salz und dem Pfeffer verrühren. Diese Marinade über die Mango- und Avocadowürfel träufeln.

Anrichten

Die fertigen Quinoa-Reis-Pancakes auf 2 Teller verteilen. Die Avocdo-Man-go-Salsa mit feinen Zitronen-Zesten und einigen Korianderblättchen gar-nieren. Zum Schluss mit etwas Schwarzkümmel bestreuen und zusammen mit den Quinoa-Reis-Pancakes servieren.

Mandel-Pancake-Ecken mit Bananeneis

Das Mandelmehl verleiht den Pancakes eine nussige Note, die perfekt mit der Süße der Bananen harmoniert. In Ecken geschnitten lassen sich die Pancakes übrigens hervorragend teilen. Oder auch nicht.

für 2 Personen | 4 Stück

Für die Mandel-Pancakes

110 g Dinkel-Vollkornmehl
40 g Mandelmehl
2 EL frisch gemahlene Leinsamen
1 TL Backpulver
½ TL Salz
½ TL frisches Vanillemark oder
   Vanilleextrakt
160 ml Mandelmilch
45 g Ahornsirup
1 TL Kokosöl zum Ausbacken

Für das Bananeneis

3 reife Bananen, in Stücke
   geschnitten und gefroren
2 EL Mandelmilch
1 TL Vanilleextrakt
1 TL Kokosblütenzucker

Zum Anrichten

einige Mandelblättchen,
   nach Belieben
etwas Ahornsirup, nach Belieben

Mandel-Pancakes

In einer Schüssel das Vollkornmehl, das Mandelmehl, die Leinsamen, das Backpulver, das Salz und die Vanille mit einem Holzlöffel vermischen. Dann die Mandelmilch und den Ahornsirup nach und nach hinzugeben und zu einem klebrigen Teig verrühren.

Das Kokosöl in einer beschichteten Pfanne zerlassen. Dann jeweils 2 EL Pancaketeig hineingeben und von beiden Seiten für 2 Minuten ausbacken.

Bananeneis

Die gefrorenen Bananenstücke, die Mandelmilch, den Vanilleextrakt und den Kokosblütenzucker in einen Hochleistungsmixer geben und 60 Sekunden auf höchster Stufe zu einem cremigen Eis mixen.

Anrichten

Die fertigen Pancakes in Ecken schneiden und auf 2 Teller verteilen. Das Bananeneis dazugeben und nach Belieben mit Mandelblättchen garnieren und mit etwas Ahornsirup beträufeln.

Quinoapfannkuchen mit Papaya-Karotten-Salat

für 1 Person | 1 Stück

Für den Quinoapfannkuchen

120 g Quinoa
120 ml Wasser
1 TL Salz
½ TL frisch gemahlener schwarzer
  Pfeffer
4 TL Olivenöl

Für den Papaya-Karotten-Salat

3 kleine Karotten
½ Papaya
2 TL Kokosöl
2 TL frisch gepresster Limettensaft
1 TL edelsüßes Paprikapulver
1 TL Kurkumapulver
½ TL Salz
½ TL frisch gemahlener schwarzer
  Pfeffer

Zum Anrichten

3–4 rote Kirschtomaten, kurz im
  Backofen geröstet
Gartenkresse, nach Belieben
Weiße und schwarze Sesamsaat,
  nach Belieben

Quinoapfannkuchen

Den Backofen auf 180 °C (Ober- und Unterhitze) vorheizen.

Die Quinoa in einen Hochleistungsmixer geben und zu feinem Mehl mahlen. In einer großen Schüssel das Quinoamehl, das Wasser, das Salz, den Pfeffer und 2 TL Olivenöl miteinander vermischen.

Eine Gusseisenpfanne mit 2 TL Olivenöl einfetten und die Pfannkuchen-Mischung hineinfüllen. Die Pfanne in den vorgeheizten Backofen (mittlere Schiene) schieben und den Pfannkuchen 25 Minuten backen.

Papaya-Karotten-Salat

Währenddessen die Karotten schälen und in lange, dünne Streifen schneiden. Die Kerne mit einem Löffel aus der Papaya herauslösen. Die Papaya schälen und das Fruchtfleisch ebenfalls in lange, dünne Streifen schneiden. Für die Marinade das Kokosöl, den Limettensaft, das Paprikapulver, das Kurkumapulver, das Salz und den Pfeffer gut verrühren und über die Papaya- und Karottenstreifen träufeln. Alles gut miteinander vermengen.

Anrichten

Den Papaya-Karotten-Salat und die Kirschtomaten auf den frisch gebackenen Quinoapfannkuchen anrichten und nach Belieben mit Gartenkresse und Sesamsamen garnieren.

Spinat-Crêpetorte mit Matcha-Schoko-Creme

für 4 Personen

Für die Spinatcrêpes

100 ml Wasser
60 g frischer Spinat
70 g Dinkelmehl Type 630
45 g Reismehl
100 ml Mandelmilch
40 g Kokosblütenzucker
30 g Agavendicksaft
1 TL Vanilleextrakt
1 TL Matchapulver
Kokosöl zum Ausbacken

Für die Matcha-Schoko-Creme

250 g weiße vegane Schokolade
110 ml Mandelmilch
2 EL Kakaobutter oder Kokosöl
1 TL Matchapulver

Zum Fertigstellen

gemischte Beeren (z. B. Himbeeren, Blaubeeren) zum Garnieren
Puderzucker zum Übersieben

Spinatcrêpes

Das Wasser und die Spinatblätter in einen Hochleistungsmixer geben und 30–60 Sekunden zu Saft mixen.

Das Dinkelmehl, das Reismehl, die Mandelmilch, den Kokosblütenzucker, den Agavendicksaft, den Vanilleextrakt, das Matchapulver und den Spinatsaft in eine Schüssel geben und mit dem Schneebesen zu einem glatten, cremigen Teig verrühren.

Eine beschichtete Pfanne vorheizen und etwas Kokosöl zugeben. Je 2 EL Teig mittig in die Pfanne geben, die Pfanne durch leichtes Drehen bewegen, damit sich der Teig gleichmäßig dünn verteilt. Den Crêpe ca. 2 Minuten backen, bis sich kleine Bläschen gebildet haben. Danach vorsichtig umdrehen und weitere 2 Minuten goldbraun backen. Den Spinatcrêpe aus der Pfanne nehmen und abkühlen lassen. Auf diese Weise ca. 12 Spinat-crêpes ausbacken, bis der ganze Teig aufgebraucht ist.

Matcha-Schoko-Creme

Die weiße Schokolade fein hacken und mit der Mandelmilch, der Kakaobutter und dem Matchapulver in eine hitzefeste Schüssel geben, gut umrühren und in der Mikrowelle bei niedriger Leistung 1 Minute erhitzen. Anschließend die Creme nochmals gut durchrühren. (Alternativ die Mandelmilch mit der Kakaobutter und dem Matchapulver in einem Topf erhitzen, aber nicht kochen lassen. Dann die fein gehackte Schokolade zugeben und unter Rühren auflösen.)

Fertigstellen

Die abgekühlten Spinatcrêpes mit jeweils 2 TL Matcha-Schoko-Creme bestreichen und aufeinanderstapeln. Die Crêpetorte auf eine Tortenplatte setzen und mit reichlich frischen Beeren garnieren. Kurz vor dem Servieren mit Puderzucker übersieben.

Rava Dosa mit Zucchini-Kichererbsen-Curry

für 4 Personen

Für das Zucchini-Kichererbsen-Curry

1 TL Kokosöl
1 kleine Zwiebel, fein gewürfelt
2 Knoblauchzehen, fein gewürfelt
1 TL frischer Ingwer, fein gewürfelt
2 mittelgroße, grüne Zucchini,
   in Stücke geschnitten
2 mittelgroße, gelbe Zucchini,
   in Stücke geschnitten
1 TL Curry-Gewürzmischung
1 TL Garam Masala
1 TL Salz
1 TL frisch gemahlener
   schwarzer Pfeffer
70 g frische Datteltomaten
100 g vorgegarte Kichererbsen
60 ml Kokosmilch
20 g frische Korianderblätter

Für den Rava Dosa

60 g Reismehl
60 g feiner Weizengrieß
60 g Dinkelmehl Type 630
1 TL frisch gemahlener
   schwarzer Pfeffer
1 TL Salz
240 ml Wasser
Kokosöl zum Ausbacken

Zum Anrichten

frische Koriander- oder Basilikumblätter, nach Belieben
frische Cocktail- oder Datteltomaten, nach Belieben

Zucchini-Kichererbsen-Curry

Das Kokosöl in einer beschichteten Pfanne bei mittlerer Hitze erwärmen. Die Zwiebel- und Knoblauchwürfel und den Ingwer zugeben und 3–5 Minuten unter Rühren anschwitzen, bis die Zwiebeln weich und glasig sind. Dann die geschnittenen Zucchini, die Curry-Gewürzmischung und die Garam-Masala-Gewürzmischung zugeben und gut vermengen. Alles mit Salz und Pfeffer abschmecken und weiterbraten, bis das Gemüse gar ist. Die Datteltomaten waschen und zusammen mit den vorgegarten Kichererbsen und 120 ml Wasser zugeben. Alles einmal aufkochen lassen, die Hitze reduzieren und weitere 10–15 Minuten sanft köcheln lassen. Sobald die Flüssigkeit eingekocht ist, die Kokosmilch unterrühren und weitere 2 Minuten köcheln lassen. Die Korianderblätter zugeben, die Pfanne vom Herd nehmen und zugedeckt beiseitestellen.

Rava Dosa

Das Reismehl, den Weizengrieß, das Dinkelmehl, den Pfeffer und das Salz in einer Schüssel vermischen. Dann das Wasser unter Rühren hinzugeben und alles zu einem glatten Teig verrühren. Eine Pfanne erhitzen und 1 TL Kokosöl zugeben. 1 Schöpfkelle Rava-Dosa-Teig in die heiße Pfanne geben und mit kreisförmigen Bewegungen hin und her schwenken, bis sich der Teig gleichmäßig und dünn verteilt. Den Crêpe 2 Minuten backen, anschließend wenden und für weitere 1–2 Minuten goldbraun ausbacken. Auf diese Weise den restlichen Teig verarbeiten und weitere 3 Crêpes ausbacken.

Anrichten

Je 1 Rava Dosa auf einen Teller legen. Je ¼ des Zucchini-Kichererbsen-Curry seitlich auf die eine Crêpehälfte geben. Dann vorsichtig die Crêpes zur Mitte hin über die Füllung klappen. Nach Belieben mit gezupften Kräutern und frischen Tomaten garnieren.

Buchweizenküchlein mit karamellisierten Äpfeln

für 2 Personen

Für den Buchweizenteig

140 g Buchweizenmehl
2 TL Salz
60 ml Wasser
40 g zerlassenes Kokosöl

Für die karamellisierten Äpfel

2 Äpfel
1 TL Kokosöl
40 g Kokosblütenzucker
1 TL Zimtpulver
½ TL Agavendicksaft

Zum Anrichten

2 EL salziges Müsli (siehe Rezept
    »Salziges Müsli« auf Seite 248)
frische Thymianblättchen zum
    Garnieren

Buchweizenteig

Den Backofen auf 180 °C (Ober-/Unterhitze) vorheizen und ein Backblech mit Backpapier auslegen.

In einer Schüssel das Buchweizenmehl mit dem Salz vermischen und vorsichtig das Wasser und das Kokosöl hinzugeben. Mit einem Holzlöffel zu einem festen Teig vermengen und anschließend gut verkneten. Den Buchweizenteig mittig auf das mit Backpapier belegte Backblech geben. Dann den Teig mit einer Lage Backpapier abdecken und mithilfe eines Nudelholzes zu einer sehr dünnen Platte ausrollen. Anschließend das Backpapier vorsichtig abziehen.

Karamellisierte Äpfel

Die Äpfel waschen, längs halbieren und das Kerngehäuse herausschneiden. Die Äpfel in dünne Scheiben schneiden. Eine beschichtete Pfanne vorheizen. Das Kokosöl zugeben, dann den Kokosblütenzucker gleichmäßig in die Pfanne streuen. Die Apfelscheiben nebeneinander in die Pfanne legen, mit dem Zimtpulver bestreuen und dem Agavendicksaft beträufeln. Die Apfelscheiben 2 Minuten karamellisieren lassen, dann aus der Pfanne nehmen und rosettenartig auf den Buchweizenteig anrichten. Dann die überstehenden Teigränder rundherum großzügig über die Apfelfüllung klappen und leicht festdrücken.

Das Backblech in den vorgeheizten Backofen schieben und das Küchlein auf der mittleren Schiene 15–20 Minuten goldbraun backen.

Anrichten

Das fertige Buchweizenküchlein aus dem Backofen nehmen, dann mit salzigem Müsli bestreuen und mit frischen Thymianblättchen garnieren. Am besten lauwarm genießen.

Schoko-Hirse-Waffeln mit Kokoscreme

Als glutenfreies Getreide erlebt die Hirse gerade eine Renaissance. Zu Recht, denn die enthaltenen Mineralstoffe – darunter Eisen, Silizium und Magnesium – tun Haut, Haar und Nägeln gut.

für 2 Personen | ca. 4–6 Stück

Für die Schoko-Hirse-Waffeln

60 g Hirse
60 g feine Haferflocken
1 EL Kakaopulver
1 EL Kokosblütenzucker
1 TL Backpulver
2 TL fein gemahlene Chiasamen
1 TL Vanilleextrakt
1 Prise Salz
1 TL zerlassenes Kokosöl
6 TL lauwarmes Wasser
140 ml Kokosmilch
Kokosöl zum Ausbacken

Für die Kokoscreme

45 g Cashewkerne
120 ml Kokosmilch
20 g Kokosblütenzucker
2 TL Kokosflocken
½ TL Vanilleextrakt
½ TL fein gemahlene Chiasamen

Zum Anrichten

frische Bananenscheiben,
nach Belieben
frische Himbeeren, nach Belieben

Schoko-Hirse-Waffeln

Die Hirse und die Haferflocken in einem Hochleistungsmixer zu feinem Mehl mahlen. Das Hirse-Hafer-Mehl in eine Schüssel geben. Das Kakaopulver, den Kokosblütenzucker, das Backpulver, die fein gemahlenen Chiasamen, den Vanilleextrakt und das Salz zugeben und gut vermengen.

In einer separaten Schüssel das zerlassene Kokosöl mit dem lauwarmen Wasser und der Kokosmilch verrühren. Diese Flüssigkeit anschließend zu der Mehlmischung geben und einige Minuten vermengen, bis ein klebriger Teig entsteht.

Die Backflächen (Ober- und Unterseite) des aufgeheizten Waffeleisen sorgfältig mit reichlich Kokosöl einfetten. 2 TL Teig einfüllen, den Deckel verschließen und die Waffel bei höchster Stufe ca. 2–4 Minuten ausbacken. Auf diese Weise nacheinander 4–6 Waffeln ausbacken.

Kokoscreme

Für die Kokoscreme alle Zutaten in einen Hochleistungsmixer geben und so lange mixen, bis eine sämige Paste entsteht.

Anrichten

Die Schoko-Hirse-Waffeln auf 2 Teller verteilen. Die Kokoscreme dazugeben und nach Belieben mit Bananenscheiben und frischen Himbeeren garnieren.

Matchawaffeln mit Gemüsequinoa

Für die Matchawaffeln

120 g Dinkelmehl Type 630
1 TL Backpulver
1 Prise Salz
1 TL frisch gemahlener schwarzer Pfeffer
½ TL Kurkumapulver
½ TL edelsüßes Paprikapulver
½ TL getrocknetes Basilikum
1 ½ TL Matchapulver
180 ml Wasser
Kokosöl zum Ausbacken

Für die Gemüsequinoa

140 ml Wasser
80 g Quinoa
1 mittelgroße Zucchini
50 g frische Tomaten
1 Prise Salz
1 TL frisch gemahlener schwarzer Pfeffer
Saft von ½ Limette
40 ml Olivenöl
1 Knoblauchzehe
30 ml Sojasauce

Zum Anrichten

2 Zweige frische glatte Petersilie
1 Zweig frische Minze

Matchawaffeln

In einer Schüssel das Dinkelmehl, das Backpulver, das Salz, den Pfeffer, das Kurkumapulver, das Paprikapulver, das Basilikum, das Matchapulver und das Wasser mit einem Handrührgerät zu einem glatten Teig verrühren.

Die Backflächen (Ober- und Unterseite) des aufgeheizten Waffeleisens sorgfältig mit reichlich Kokosöl einfetten. 2 TL Teig einfüllen, den Deckel verschließen und die Waffel bei höchster Stufe ca. 2–4 Minuten ausbacken. Auf diese Weise nacheinander 4–6 Waffeln ausbacken. Die Waffeln auf einem Gitter abkühlen lassen.

Gemüsequinoa

Das Wasser in einem Topf aufkochen. Die Quinoa zugeben und zugedeckt bei mittlerer Hitze für 20 Minuten sanft köcheln lassen. Den Topf von der Herdplatte nehmen, die Quinoa weitere 5 Minuten quellen lassen und mit einer Gabel auflockern.

In der Zwischenzeit die Zucchini waschen, den Fruchtansatz abschneiden und in mundgerechte Stücke schneiden. Die Tomaten ebenfalls waschen, den Strunk herausschneiden und würfeln. Das Gemüse mit Salz und Pfeffer würzen.

Den Limettensaft und das Olivenöl in einer kleinen Schüssel verrühren. Die Knoblauchzehe schälen, durch eine Presse drücken und unter die Marinade rühren.

Das Gemüse und die Limettenmarinade zu der Quinoa geben und alles gut vermengen. Eine Pfanne erhitzen und die Gemüsequinoa-Mischung zugeben. Dann die Sojasauce darüberträufeln und alles ca. 3–5 Minuten unter Rühren anbraten.

Anrichten

Die Kräuter waschen, die Blättchen abzupfen und nach Belieben grob hacken. Die angebratene Gemüsequinoa und die abgekühlten Matchawaffeln auf 2 Teller verteilen. Zum Schluss mit den Kräuterblättchen garnieren.

Sushiwaffeln

Für dieses Gericht bleibt das Waffeleisen ausnahmsweise kalt. Perfekt für alle, die Sushi lieben, sich das zeitraubende Rollen aber gerne sparen würden.

für 2 Personen

Für den Sushireis
350 ml Wasser
200 g Sushireis
10 ml Reisessig
5 g Kristallzucker
2 TL Salz

Für die Rohkost
2 Karotten
1 Zucchini
½ Süßkartoffel
1 reife Mango
1 reife Avocado

Zum Anrichten
15 g Wasabipaste
2 TL vegane Mayonnaise
15 g eingelegter Ingwer
2 TL weiße Sesamsamen
2–3 Zweige frische Petersilie,
   die Blätter abgezupft
Gartenkresse

Sushireis
Das Wasser zum Kochen bringen, den Sushireis einrieseln lassen und zugedeckt 25 Minuten bei niedriger Temperatur köcheln lassen. Sobald der Reis gar ist, diesen in eine Schüssel geben und abkühlen lassen. Anschließend mit dem Reisessig, dem Zucker und dem Salz vermischen.

Rohkost
Die Karotten schälen und längs mit einem Sparschäler in dünne Streifen schneiden. Die Zucchini waschen, den Fruchtansatz abschneiden und ebenfalls in dünne Streifen schneiden. Die Süßkartoffel schälen und in kleine Würfel schneiden. Die Mango schälen, das Fruchtfleisch vom Kern abschneiden und längs in dünne Scheiben schneiden. Die Avocado halbieren, den Kern herausnehmen und schälen. Das Avocadofruchtfleisch ebenfalls in dünne Scheiben schneiden.

Fertigstellen
Das Waffeleisen öffnen und mit einer Lage Frischhaltefolie auskleiden. Das Waffeleisen nicht vorheizen. Mittig 3 EL Sushireis hineingeben und mit 1 Lage Frischhaltefolie bedecken. Das Waffeleisen verschließen, fest zudrücken und so den kalten Sushireis zu einer Waffel pressen. Anschließend die obere Lage Frischhaltefolie abziehen. Die Sushiwaffel auf einen Teller stürzen und die zweite Lage Frischhaltefolie abziehen. Auf diese Weise nach und nach 4–6 Waffeln pressen.

Anrichten
Die Karotten- und Zucchinistreifen, die Süßkartoffelwürfel und die Avocado- und Mangoscheiben auf den kalten Sushiwaffeln anrichten. Je nach Belieben kleine Tupfen Wasabipaste und vegane Mayonnaise daraufgeben und mit eingelegtem Ingwer, Sesamsamen und Kräutern garnieren.

Karottenwaffeln

für 2 Personen

Für die Waffeln

140 g feine Haferflocken
55 g Quinoa
40 g Kokosblütenzucker
1 TL Backpulver
½ TL Zimtpulver
1 TL Vanilleextrakt
2 mittelgroße Karotten
2 TL Kokosöl
185 ml Kokosmilch
2 mittelgroße Karotten
Kokosöl zum Ausbacken

Zum Anrichten

2 TL Kokosblütensirup

Waffeln

Die Haferflocken in einem Hochleistungsmixer zu feinem Mehl mahlen. In einer Schüssel das Haferflockenmehl, die Quinoa, den Kokosblütenzucker, das Backpulver, den Zimt und den Vanilleextrakt miteinander vermischen. Die Karotten schälen und mit einer Küchenreibe raspeln.

Mit einen Holzlöffel das Kokosöl, die Kokosmilch und die Karotten unter die Mehlmischung rühren und zu einem glatten Teig verarbeiten.

Das Waffeleisen vorheizen und die Backflächen (Ober- und Unterseite) sorgfältig mit Kokosöl einfetten. 3 TL Teig hineinfüllen, den Deckel zuklappen und die Waffel 2–3 Minuten goldbraun und knusprig backen. Auf diese Weise nach und nach den ganzen Karottenteig verarbeiten und zu Waffeln ausbacken.

Anrichten

Die Karottenwaffeln stapelförmig auf 2 Teller anrichten und mit je 1 TL Kokosblütensirup beträufeln.

Dinkel-Waffelturm mit weißer Schokolade

für 2 Personen

Für die Dinkelwaffeln

140 g Dinkelmehl Type 630
40 g Kokosblütenzucker
1 TL Backpulver
1 TL Vanilleextrakt
2 TL Kokosöl
185 ml Mandelmilch
Kokosöl zum Ausbacken

Für die Füllung

60 g weiße vegane Schokolade
200 ml vegane Sahne
4 EL Puderzucker
3 EL Kakaopulver

Zum Anrichten

Mandelblättchen

Dinkelwaffeln

In einer Schüssel das Dinkelmehl, den Kokosblütenzucker, das Backpulver und den Vanilleextrakt miteinander vermischen. Mit einen Holzlöffel das Kokosöl und die Mandelmilch unterrühren und zu einem glatten Teig verarbeiten.

Das Waffeleisen vorheizen und die Backflächen (Ober- und Unterseite) sorgfältig mit Kokosöl einfetten. Mittig 3 TL Teig hineinfüllen, den Deckel zuklappen und die Waffel 2–3 Minuten goldbraun und knusprig backen. Auf diese Weise den ganzen Teig verarbeiten und zu Dinkelwaffeln ausbacken. Die Dinkelwaffeln auf einem Kuchengitter auskühlen lassen.

Füllung

Die weiße Schokolade hacken und in eine Metallschüssel geben, diese auf ein heißes, aber nicht kochendes Wasserbad setzen, dabei darf der Schüsselboden das Wasser nicht berühren. Die weiße Schokolade behutsam schmelzen. Ersatzweise die Schokolade in der Mikrowelle bei niedrigster Leistung schmelzen.

Die Sahne in eine hohe Schüssel geben und mit den Quirlen des Handrührgerätes aufschlagen. Während die Sahne aufgeschlagen wird, den fein gesiebten Puderzucker, das fein gesiebte Kakaopulver und die geschmolzene Schokolade hinzugeben und noch einmal gut aufschlagen. So lange, bis die Waffeln auskühlen, die Schokosahne in den Kühlschrank stellen.

Anrichten

Die Waffeln mit jeweils 2 EL Schokosahne aufeinanderschichten und den Waffelturm mit gehackten Mandelblättchen dekorieren.

Haselnuss-Kokos-Donuts

für 4 Personen | 18-20 Stück (aus dem Mini-Donut-Maker)

Für die Donuts

100 g Haselnussmehl
60 g Kokosmehl
55 g Kokosblütenzucker
180 ml Hafermilch
3 EL Agavendicksaft
1 TL Erdnussbutter
1 TL Backpulver
1 TL Vanilleextrakt
1 TL Zimtpulver
Kokosöl zum Ausbacken

Für die pinke Glasur

150 g Puderzucker
2 TL Hafermilch
2 TL gefriergetrocknetes
   Cranberryfruchtpulver

Donuts

Das Haselnussmehl, das Kokosmehl und den Kokosblütenzucker in einer Schüssel vermischen. Die Hafermilch unterrühren und anschließend den Agavendicksaft, die Erdnussbutter und das Backpulver zugeben. Alles zu einem klebrigen Teig verrühren. Zum Schluss den Teig mit Vanilleextrakt und Zimt verfeinern.

Rechtzeitig einen Mini-Donut-Maker vorheizen und die Backflächen mit Kokosöl einfetten. Je 2 TL Teig in die Mulden füllen und 2 Minuten goldbraun ausbacken. Die fertigen Donuts auf einem Kuchengitter vollständig auskühlen lassen.

Pinke Glasur

Den Puderzucker fein in eine Schüssel sieben und mit der Hafermilch und dem Cranberryfruchtpulver zu einer glatten, klebrigen Glasur verrühren. Die abgekühlten Donuts mit der pinken Glasur bestreichen und beiseitestellen, bis die Glasur fest ist.

Zimtrollen-Donuts

für 4 Personen | 18-20 Stück
(aus dem Mini-Donut-
Maker)

Für den Teig

120 g Dinkelmehl Type 630
35 g Kokosblütenzucker
1 TL Backpulver
1 TL Vanilleextrakt
30 g Kokosöl
60 ml Hafermilch

Für die Zimt-Kokosblüten-zucker-Füllung

Dinkelmehl Type 630 zum Arbeiten
1 TL zerlassenes Kokosöl
30 g Kokosblütenzucker
2 TL Zimtpulver

Zum Formen und Ausbacken

etwas Kokosöl
etwas Dinkelmehl Type 630

Teig

In einer Schüssel das Dinkelmehl mit dem Kokosblütenzucker, dem Back-pulver und dem Vanilleextrakt vermischen. Das Kokosöl und die Hafer-milch nach und nach dazugeben und so lange kneten, bis ein fester, glatter Teig entsteht.

Formen und Füllen

Etwas Dinkelmehl auf die Arbeitsfläche geben und verteilen. Den Teig mit einem Nudelholz großflächig ausrollen. Das zerlassene Kokosöl auf die Teigplatte geben und mit einem Backpinsel verstreichen. Dann den Kokos-blütenzucker gleichmäßig daraufstreuen und zum Schluss mit dem Zimtpul-ver bestäuben. Die Teigplatte beginnend vom oberen Ende nach unten hin einrollen.

Einen Donutmaker rechtzeitig erhitzen und die Backflächen mit etwas Ko-kosöl einfetten und mit etwas Dinkelmehl bestäuben.

Die Teigrolle mit einem Messer in ca. 18–20 gleich lange Stücke schnei-den. Die Länge der Teigstücke richtet sich nach den Mulden des Donutma-kers.

In jede Mulde eine Zimtrolle legen und 1–2 Minuten goldbraun aus-backen, bis der Teig durchgebacken ist. Die Donuts kurz abkühlen lassen und am besten sofort genießen.

Linsen-Karotten-Donuts

für 4 Personen | 18-20 Stück
(aus dem Mini-Donut-
Maker)

Für die Donuts

50 g gekochte rote Linsen
60 g Apfelmus
1 TL Vanilleextrakt
45 g Kokosblütenzucker
60 g Dinkelmehl Type 630
35 g feine Kokosflocken
1 TL Backpulver
1 TL Zimtpulver
2 Karotten, fein geraspelt
Kokosöl zum Einfetten

Donuts

Die gekochten Linsen in einer Schüssel mit der Gabel fein zerdrücken oder in einem Hochleistungsmixer zu einer glatten Masse mixen. Das Apfelmus, den Vanilleextrakt und den Kokosblütenzucker unter das Linsengemisch rühren.

In einer separaten Schüssel das Dinkelmehl mit den Kokosflocken, dem Backpulver und dem Zimtpulver vermischen. Die Linsen-Apfelmus-Mischung zu der Mehlmischung geben und alles zu einer glatten Masse vermengen. Zum Schluss die fein geraspelten Karotten unter den Teig mengen.

Rechtzeitig einen Mini-Donut-Maker vorheizen und die Backflächen mit jeweils 1 TL Kokosöl einfetten. Je 2 TL des Teiges in die Mulden geben und 2–3 Minuten goldbraun ausbacken.

Die Donuts abkühlen lassen und genießen. Dazu passt auch wunderbar eine Guacamole (siehe Rezept auf Seite 105).

Soulfood

———

GERICHTE ZUM GLÜCKLICHSEIN

An so manchen langen Uni- oder Arbeitstagen wünsche ich mir nichts mehr, als es mir mit Kuscheldecke und Lieblingsserie auf dem Sofa gemütlich zu machen.

———

Die perfekte kulinarische Begleitung für derlei entspannte Abende? Eine knusprige Pizza, eine cremige Pasta oder ein wärmender Eintopf – echte Soulfoods eben, die fantastisch schmecken und glücklich machen.

Tomatenpizza mit Mungbohnenpesto

für 2 Personen | 1 große oder 2 kleine Pizzen

Für den Pizzateig

220 g Dinkelmehl Type 630
1 TL Salz
2 TL getrocknete italienische
  Kräutermischung
180 ml Wasser
5 g frische Hefe
Dinkelmehl Type 630 zum Arbeiten

Für das Mungbohnenpesto

80 g Mungbohnen, 12 Stunden
  in 120 ml Wasser eingeweicht
160 ml Wasser
45 g Pekannusskerne
40 ml Olivenöl
30 g frische Spinatblätter
2 TL Hefeflocken
2 TL Salz
2 TL frisch gemahlener
  schwarzer Pfeffer
1 TL getrocknetes Basilikum

Für den Belag

3 frische Tomaten, in dünne
  Scheiben geschnitten
2 TL weiße oder schwarze
  Sesamsamen

Zum Anrichten

5 g frische Basilikumblättchen
½ Bund frischer Oregano,
  die Blättchen abgezupft

Pizzateig

In einer Schüssel das Dinkelmehl mit Salz und den getrockneten Kräutern vermischen. Das Wasser und die Hefe verrühren, bis sich die Hefe aufgelöst hat. Das Hefegemisch vorsichtig zu der Mehlmischung geben und mit den Knethaken des Handrührgerätes zu einem festen Teig verarbeiten. Den Teig auf die bemehlte Arbeitsfläche geben und 2 Minuten mit den Händen kräftig durchkneten. Den Teig zugedeckt an einen warmen Platz für 30 Minuten gehen lassen.

Mungbohnenpesto

Die eingeweichten Mungbohnen abgießen. Dann mit 160 ml frischem Wasser in einen Topf geben und 30 Minuten köcheln lassen, bis sie gar sind. Die gegarten Mungbohnen anschließend abgießen und in einen Hochleistungsmixer füllen. Die Pekannusskerne, das Olivenöl, die Spinatblätter, die Hefeflocken, das Salz, den frisch gemahlenen Pfeffer und das getrocknete Basilikum zugeben und alles zu einem cremigen Pesto mixen.

Belag

Rechtzeitig den Backofen auf 180 °C (Ober-/Unterhitze) vorheizen und ein Backblech mit Backpapier auslegen.

Den aufgegangenen Teig halbieren und mit einem Nudelholz zu einem runden Teigfladen rollen. Etwa 3 EL Mungbohnenpesto gleichmäßig darauf verteilen und mit frischen Tomatenscheiben belegen. Dann alles mit Sesamsamen bestreuen und die Pizza auf der mittleren Schiene 25–30 Minuten goldbraun backen.

Anrichten

Die Tomatenpizza mit frischen Basilikum- und Oreganoblättchen bestreuen, dann in Stücke schneiden und sofort genießen.

Glutenfreie Pizzen

Auf Pizza soll niemand verzichten müssen! Diese drei Rezepte kommen ohne Gluten aus, sind aber mindestens so lecker wie die klassische Getreidevariante.

Karottenpizza

für 2 Personen | 1 große oder 2 kleine Pizzen

Für den Karottenteig

220 g Karotten
20 g Kichererbsen, 12 Stunden in
    kaltem Wasser eingeweicht
60 g gekochter Buchweizen,
2 TL gemahlene Chiasamen
4 TL Wasser
45 g Buchweizenmehl
2 TL Salz
2 TL frisch gemahlener
    schwarzer Pfeffer
1 TL Kurkumapulver
1 TL Zimtpulver

Für den Belag

65 g pürierte Tomaten
2 mittelgroße Karotten
2 reife Avocados
50 g frischer Feldsalat
3 EL Radieschensprossen
2 TL grob gehackte Mandelkerne
1 TL Salz
1 TL frisch gemahlener
    schwarzer Pfeffer

Karottenteig

Den Backofen auf 180 °C (Ober-/Unterhitze) vorheizen und ein Backblech mit Backpapier auslegen.

Die Karotten schälen, in Würfel schneiden und in einen Hochleistungsmixer füllen. Die Kichererbsen abgießen und zugeben. Den gekochten Buchweizen, die gemahlenen Chiasamen und das Wasser zugeben und alles zu einem Brei pürieren. Dann das Buchweizenmehl untermixen. Den Teig mit Salz, frisch gemahlenem Pfeffer, Kurkumapulver und Zimtpulver würzen und nochmals gut durchmixen. Den Karottenteig auf das vorbereitete Backblech geben und gleichmäßig dünn verstreichen.

Belag

Die pürierten Tomaten auf dem Karottenteig verteilen. Das Backblech in den vorgeheizten Backofen schieben und die Karottenpizza auf der mittleren Schiene 25–30 Minuten goldbraun backen.

Währenddessen die Karotten schälen und längs in dünne Streifen schneiden. Die Avocados halbieren, den Stein entfernen und schälen. Das Avocadofruchtfleisch in dünne Spalten schneiden.

Die Karottenpizza aus dem Backofen nehmen und mit Karottenstreifen, Avocadospalten, frischen Feldsalatblättern und frischen Radieschensprossen belegen. Dann mit gehackten Mandelkernen bestreuen und je nach Bedarf mit Salz und frisch gemahlenem Pfeffer würzen.

Kartoffelpizza

für 2 Personen | 1 große oder
2 kleine Pizzen

Für den Kartoffelteig

550 g festkochende Kartoffeln
3 TL Olivenöl
2 TL Salz
2 TL frisch gemahlener
    schwarzer Pfeffer

Für den Belag

50 ml pürierte Tomaten
50 g braune Champignons,
    in dünne Scheiben geschnitten
4–5 frische Kirschtomaten, halbiert
15 g frisches Basilikum
15 g frischer Koriander

Zum Anrichten

30 g frische Chilikresse
1 TL Hefeflocken
2 TL schwarzer frisch gemahlener
    Pfeffer
2 TL rosa Himalaya-Salz

Kartoffelteig

Den Backofen rechtzeitig auf 180 °C (Ober-/Unterhitze) vorheizen. Ein Backblech mit Backpapier auslegen.

Die Kartoffeln schälen, fein raspeln und in eine Schüssel geben. 1 TL Olivenöl, das Salz und den frisch gemahlenen Pfeffer zugeben und alles gut vermengen.

Eine beschichtete Pfanne mit dem restlichen Olivenöl (2 TL) erhitzen. Die Kartoffelraspel mit den Händen gut ausdrücken, in der Pfanne verteilen und festdrücken. Ab und zu die Pfanne hin und her rütteln, damit die Kartoffelraspel nicht ankleben. Sobald die Kartoffelraspel gut aneinanderkleben und knusprig angebraten sind, die große Kartoffelrösti vorsichtig wenden und weitere 3–4 Minuten knusprig braten. Anschließend auf das vorbereitete Backblech gleiten lassen.

Belag

Die pürierten Tomaten auf den Kartoffelrösti-Pizzaboden verteilen und mit frischen Champignonscheiben und halbierten Kirschtomaten belegen. Dann mit frischen Basilikum- und Korianderblättern bestreuen. Das Backblech in den vorgeheizten Backofen schieben und die Kartoffelpizza auf der mittleren Schiene 15 Minuten knusprig backen.

Anrichten

Die knusprige Kartoffelpizza aus dem Backofen nehmen und mit frischer Chilikresse garnieren. Zum Schluss mit Hefeflocken, frisch gemahlenem Pfeffer und rosa Himalaya-Salz würzen.

Apfel-Kürbis-Pizza

für 2 Personen / 1 große oder
2 kleine Pizzen

Für den Buchweizenteig

250 g Buchweizenmehl
1 TL Backpulver
1 TL Salz
½ TL getrocknetes Basilikum
160 ml Wasser
Buchweizenmehl zum Arbeiten

Für den Apfel-Kürbis-Belag

1 Apfel, in dünne Scheiben
   geschnitten
½ Hokkaidokürbis, vorgegart
   und in Spalten geschnitten

Zum Anrichten

30 g Granatapfelkerne
25 g frischer Rucola
2 TL geschälte Hanfsamen
1 TL gehackte Kürbiskerne
frisch gemahlener schwarzer Pfeffer

Buchweizenteig

Den Backofen auf 180 °C (Ober-/Unterhitze) vorheizen und ein Back-blech mit Backpapier auslegen.

In einer Schüssel das Buchweizenmehl, das Backpulver, das Salz und das getrocknete Basilikum vermischen. Dann das Wasser zugeben und alles mit den Knethaken des Handrührgerätes zu einem festen Teig kneten. Den Teig auf die bemehlte Arbeitsfläche geben und mit den Händen 2−3 Minuten kräftig durchkneten. Anschließend mit einem Nudelholz dünn aus-rollen und auf das Backblech legen.

Apfel-Kürbis-Belag

Den ausgerollten Buchweizenteig mit dünnen Apfelscheiben und Kürbis-spalten belegen, dann auf der mittleren Schiene 25 Minuten goldbraun backen.

Anrichten

Die Pizza aus dem Backofen nehmen und darauf Granatapfelkerne und Rucolablätter verteilen. Dann mit geschälten Hanfsamen und gehackten Kürbiskernen bestreuen. Zum Schluss etwas schwarzen Pfeffer darüber-mahlen, in Stücke schneiden und sofort genießen.

Fladenbrot-Wraps mit Guacamole, Zucchinigemüse und Süßkartoffelpommes

für 2 Personen | 4 Wraps

Für das Fladenbrot

5 g frische Hefe
2 EL lauwarmes Wasser
240 g Dinkelmehl Type 630
1 TL Salz
180 ml Wasser
Dinkelmehl Type 630 zum Arbeiten

Für die Süßkartoffelpommes

550 g Süßkartoffeln
2 TL Olivenöl
1 TL Salz
1 TL frisch gemahlener
    schwarzer Pfeffer

Für das Zucchinigemüse

Saft von ½ Limette
2 TL Olivenöl
1 TL Balsamicoessig
1 TL edelsüßes Paprikapulver
1 TL getrockneter Oregano
2 Knoblauchzehen, geschält
    und fein gehackt
1 TL Salz
1 TL frisch gemahlener
    schwarzer Pfeffer
2 Zucchini
80 g frische braune Champignons
    (oder andere Pilze nach Wahl)
80 g vorgegarte Kichererbsen

Fladenbrot

In einer kleinen Schüssel die Hefe mit 2 EL Wasser verrühren und so lange beiseitestellen, bis sich Bläschen bilden. Das Dinkelmehl mit dem Salz vermischen. Das Hefegemisch und 180 ml lauwarmes Wasser zugeben und mit den Knethaken des Handrührgerätes 3 Minuten kneten, bis ein glatter Hefeteig entstanden ist. Den Hefeteig zugedeckt 30 Minuten gehen lassen.

Den aufgegangenen Hefeteig auf eine bemehlte Arbeitsfläche geben und in 4 Stücke teilen. Jedes Teigstück zu einer Kugel formen. Die Teigkugeln leicht bemehlen und mit dem Nudelholz zu je einem runden Fladen ausrollen.

Eine Pfanne vorheizen. Einen Teigfladen hineingeben und von jeder Seite 2 Minuten ohne Ölzugabe braten, bis er große Blasen gebildet hat und durchgebacken ist. Nach und nach die restlichen 3 Teigfladen zu Fladenbrot ausbacken und bis zum Anrichten beiseitestellen.

Süßkartoffelpommes

Rechtzeitig den Backofen auf 180 °C (Ober-/Unterhitze) vorheizen und ein Backblech mit Backpapier auslegen. Die Süßkartoffeln schälen und in dünne lange Stäbchen schneiden. Diese in eine Schüssel geben und mit dem Olivenöl beträufeln. Anschließend mit Salz und frisch gemahlenem Pfeffer würzen und gut vermengen. Die Süßkartoffelpommes auf dem Backblech verteilen und im vorgeheizten Backofen auf der mittleren Schiene 15–20 Minuten backen. Dann die Süßkartoffeln wenden und weitere 15–20 Minuten goldbraun backen.

Zucchinigemüse

Für die Marinade den Limettensaft, das Olivenöl, den Balsamicoessig, das Paprikapulver, den Oregano, den fein gehackten Knoblauch, das Salz und den frisch gemahlenen Pfeffer in eine Schüssel geben und mit dem Schneebesen gut verrühren. Die Zucchini waschen und in Scheiben schneiden. Die Pilze putzen und vierteln. Beides zu der Marinade geben und gut vermengen. Das Gemüse 10–15 Minuten marinieren lassen. Eine Grillpfanne vorheizen und das marinierte Gemüse 3–4 Minuten goldbraun grillen, dann in einer Schüssel mit den vorgegarten Kichererbsen vermengen.

Für die Guacamole

2 reife Avocados
Saft von 1 Limette
1 kleine Zwiebel
1 TL Salz
1 TL frisch gemahlener
   schwarzer Pfeffer
½ TL edelsüßes Paprikapulver

Zum Anrichten

50 g frische Tomaten, gewürfelt
frische Basilikumblätter oder
   frische Baby-Spinatblätter,
   nach Belieben

Guacamole

Die Avocados halbieren, entsteinen und mit einer Gabel zerdrücken. Dann mit dem Limettensaft beträufeln. Die Zwiebel schälen und in sehr feine Würfel schneiden. Die Zwiebelwürfel mit einer Gabel unter das Avocadofruchtfleisch mengen. Die Guacamole mit Salz, frisch gemahlenem Pfeffer und Paprikapulver abschmecken.

Anrichten

Je 3 EL Guacamole auf die frisch gebackenen Fladenbrote streichen und mit gegrilltem Zucchinigemüse, Süßkartoffelpommes, frischen Tomaten und Basilikumblättern füllen. Dann leicht zu Wraps zusammenrollen und sofort genießen.

Tacos mit Gemüseallerlei

für 4 Personen | 8 Stück

Für die Tacos

110 g Dinkelmehl Type 630
60 g Kastanienmehl
125–150 ml Wasser
1 TL Salz
2 TL frisch gemahlener
  schwarzer Pfeffer
Dinkelmehl Type 630 zum Arbeiten

Für das Gemüseallerlei

1 kleine Zwiebel
2 mittelgroße Karotten
1 mittelgroße Süßkartoffel
3–5 kleine Kartoffeln
1 Zucchini
1 TL Kokosöl
200 g pürierte Tomaten
50 ml Wasser
Saft von 1 Limette
½ TL Chilipulver
1 TL Salz
1 TL frisch gemahlener
  schwarzer Pfeffer

Zum Anrichten

30 g frische Basilikumblätter
3 EL ungesalzene Erdnusskerne
50 ml Tomatensauce oder Ketchup
  zum Dippen

Tacos

Das Dinkelmehl und das Kastanienmehl in einer Schüssel vermischen. Dann das Wasser, das Salz und den frisch gemahlenen Pfeffer zugeben und alles mit den Händen zu einem festen Teig verkneten. Den Teig in 8 gleich große Portionen teilen und auf einer bemehlten Arbeitsfläche mit einem Nudelholz zu dünnen runden Fladen ausrollen.

Eine Pfanne vorheizen. Je 1 Teigfladen in die heiße Pfanne geben und von jeder Seite 2 Minuten ohne Ölzugabe braten, bis er durchgebacken ist. Nach und nach die restlichen 7 Fladen zu Tacos ausbacken und bis zum Anrichten beiseitestellen.

Gemüseallerlei

Die Zwiebel schälen und fein würfeln. Die Karotten, die Süßkartoffel und die Kartoffeln schälen und in kleine mundgerechte Stücke schneiden. Die Zucchini waschen und in Halbmonde schneiden.

Das Kokosöl in einer Pfanne erhitzen. Die Zwiebelwürfel zugeben und glasig anschwitzen. Dann das vorbereitete Gemüse zugeben und 5–8 Minuten anbraten. Die Hitze reduzieren und alles mit den pürierten Tomaten und dem Wasser ablöschen. Alles zusammen weitere 20 Minuten köcheln lassen. Das Gemüseallerlei mit frisch gepresstem Limettensaft, Chilipulver, Salz und frisch gemahlenem Pfeffer abschmecken.

Anrichten

Das warme Gemüseallerlei in die Tacos füllen und mit gezupftem Basilikum und gehackten Erdnusskernen bestreuen. Die gefüllten Tacos dicht aneinander auf einer Servierplatte anrichten und Tomatensauce oder Ketchup zum Dippen reichen.

Schokotacos mit Casheweis

für 3-4 Personen / 6-8 Stück

Für die Schokotacos

120 g Dinkelmehl Type 630
45 g Kakaopulver
½ TL Zimtpulver
½ TL Backpulver
35 g brauner Zucker
35 g weißer Kristallzucker
25 ml Kokosmilch
20 ml Olivenöl
1 TL Vanilleextrakt
Dinkelmehl Type 630 zum Arbeiten

Für die Füllung

100 g Casheweis
   (siehe Rezept »Casheweis«
   auf Seite 215)
30 g ungesalzene Erdnusskerne
etwas Karamellsauce zum
   Beträufeln

Schokotacos

In einer Schüssel das Dinkelmehl, das Kakaopulver, das Zimtpulver und das Backpulver vermengen. In einer separaten Schüssel den braunen Zucker, den Kristallzucker, die Kokosmilch, das Olivenöl und den Vanilleextrakt verrühren und zu der Mehlmischung geben. Alles gut miteinander vermengen und den Teig zugedeckt 30 Minuten kalt stellen.

Den Backofen auf 180 °C (Ober-/Unterhitze) vorheizen. Den Teig auf eine bemehlte Arbeitsfläche geben und mit dem Nudelholz zu einer gleichmäßig dicken Teigplatte ausrollen. Aus der Teigplatte 6–8 große Kreise ausstechen. Aus reichlich Alufolie 6–8 Rollen formen und auf einem Backblech verteilen. Dann je einen Teigkreis auf je eine Alu-Rolle legen, sodass die Teigränder sich nach unten biegen. Das Backblech in den vorgeheizten Backofen schieben und die Schokotacos auf der mittleren Schiene 12 Minuten backen. Die Schokotacos abkühlen lassen und anschließend von den Alurollen lösen.

Füllung

Die abgekühlten Schokotacos mit Eiscreme und Erdnusskernen füllen. Zum Schluss mit etwas Karamellsauce beträufeln und sofort genießen.

Süßkartoffel-Dreierlei

für 3–4 Personen | die einzelnen Füllungen reichen für jeweils 3 Stück

Für die Süßkartoffeln
3 große Süßkartoffeln

Für die Linsen-Reis-Mandel-Füllung
75 g gelbe Linsen, vorgegart
60 g Vollkorn-Naturreis, vorgegart
35 g gehackte Mandelkerne
10 g frische Korianderblätter,
    fein geschnitten
2 TL Kurkumapulver
1 TL edelsüßes Paprikapulver
1 TL Salz
1 TL frisch gemahlener
    schwarzer Pfeffer
2 TL veganer Kokos-Naturjoghurt
    (zum Garnieren)

Für die Quinoa-Gemüse-Füllung
65 g gekochte Quinoa
1 kleine Zwiebel
1 Zucchini
1 rote Paprikaschote
10 g frische Petersilie, fein
    geschnitten
1 TL Salz
1 TL frisch gemahlener
    schwarzer Pfeffer
2 TL geschälte Hanfsamen
    (zum Garnieren)

Süßkartoffeln
Den Backofen auf 180 °C (Ober-/Unterhitze) vorheizen. Die Süßkartoffeln waschen und längs ca. 2 cm tief einschneiden. Die Süßkartoffeln mit dem Schlitz nach oben auf ein Backblech setzen und ca. 35 Minuten backen, bis sie weich sind.

Linsen-Reis-Mandel-Füllung
Die frisch gegarten gelben Linsen und den frisch gegarten Vollkornreis in eine Schüssel geben und vermengen. Die gehackten Mandelkerne, den fein geschnittenen Koriander, das Kurkuma- und das Paprikapulver zugeben und vermengen. Die Füllung mit Salz und frisch gemahlenem Pfeffer abschmecken.

Quinoa-Gemüse-Füllung
Die gekochte Quinoa in eine Schüssel geben. Die Zwiebel schälen, sehr fein würfeln und zugeben. Die Zucchini und die Paprikaschote waschen, putzen und ebenfalls in kleine Würfel schneiden. Die Gemüsewürfel und die fein geschnittene Petersilie zugeben und alles gut vermengen. Die Quinoa-Gemüse-Füllung mit Salz und frisch gemahlenem Pfeffer abschmecken.

Kichererbsen-Feigen-Füllung
Das Olivenöl in einer Pfanne erhitzen. Die vorgegarten Kichererbsen zugeben, dann das Salz, den frisch gemahlenen Pfeffer und das Chilipulver unterrühren und knusprig anbraten. Die gebratenen Kichererbsen in eine Schüssel geben. Die Feigen in kleine Würfel schneiden und zusammen mit den Pinienkernen unter die Kichererbsen mischen.

Anrichten
Die garen Süßkartoffeln mit einer Gabel leicht aufbrechen und leicht auflockern. Die 3 Süßkartoffeln entweder mit der Linsen-Reis-Mandel-Füllung und einem Klecks veganem Kokos-Naturjoghurt füllen oder mit der Quinoa-Gemüse-Mischung füllen und mit Hanfsamen bestreuen. Oder als dritte Variante mit der Kichererbsen-Feigen-Füllung füllen und mit frischen Spinatblättern und Avocadospalten garnieren. Die gefüllten Süßkartoffeln nach Belieben mit frischer Kresse garnieren und sofort genießen.

Für die Kichererbsen-Feigen-Füllung

1 TL Olivenöl

60 g vorgegarte Kichererbsen

1 TL Salz

1 TL frisch gemahlener
schwarzer Pfeffer

½ TL Chillipulver

2 frische Feigen

10 g Pinienkerne

20 g frische junge Spinatblätter
(zum Garnieren)

1 Avocado, in Spalten geschnitten
(zum Garnieren)

Zum Anrichten

frische Kresse nach Belieben

Kartoffelcurry mit Karottenpommes

für 2-3 Personen

Für das Curry

1 mittelgroße Zwiebel
2 Knoblauchzehen
1 mittelgroße Süßkartoffel
350 g Kartoffeln
1 TL Kokosöl
1 TL Chilipulver
1 TL edelsüßes Paprikapulver
1 TL Kreuzkümmelpulver
150 g vorgegarte Kichererbsen
220 ml Kokosmilch
1 TL Salz
1 TL frisch gemahlener
   schwarzer Pfeffer
Saft von ½ Limette

Für die Karottenpommes

siehe Rezept »Karottenpommes«
auf Seite 155

Zum Anrichten

frische Basilikumblätter zum
   Garnieren
1–2 EL schwarze Sesamsamen

Curry

Die Zwiebel und die Knoblauchzehen schälen und in kleine Würfel schneiden. Die Süßkartoffel und die Kartoffeln schälen und in mundgerechte Stücke schneiden. Das Kokosöl in einem Topf erhitzen. Die Zwiebel- und Knoblauchwürfel zugeben und glasig anschwitzen. Dann das Chilipulver, das Paprikapulver und das Kreuzkümmelpulver zugeben und verrühren. Die Süßkartoffel- und die Kartoffelstücke zugeben und 3–5 Minuten anbraten. Die Kichererbsen zugeben und mit der Kokosmilch auffüllen. Alles aufkochen, die Hitze reduzieren und zugedeckt bei milder Hitze 20 Minuten köcheln lassen. Das Curry mit Salz, frisch gemahlenem Pfeffer und frisch gepresstem Limettensaft abschmecken.

Karottenpommes

Die Karottenpommes wie im Rezept auf Seite 155 zubereiten.

Anrichten

Das Kartoffelcurry auf 2–3 Schalen verteilen, dann mit frischen Basilikumblättern garnieren und mit schwarzen Sesamsamen bestreuen. Die Karottenpommes dazu reichen.

Tropischer Kichererbseneintopf mit Fladenbrot

für 2-3 Personen

Für den Eintopf

1 mittelgroße Zwiebel
1 Knoblauchzehe
1 TL Kokosöl
1 TL Kurkumapulver
1 TL edelsüßes Paprikapulver
½ TL getrocknetes Basilikum
220 ml Kokosmilch
250 g vorgegarte Kichererbsen
150 g gelbe Linsen
1 TL Salz
1 TL frisch gemahlener
    schwarzer Pfeffer
½ Mango

Zum Anrichten

kleine Fladenbrote (siehe Rezept
    »Fladenbrot-Wraps mit Guaca-
    mole, Zucchinigemüse und
    Süßkartoffelpommes« auf Seite
    104–105)
frische Basilikumblätter
    zum Garnieren

Eintopf

Die Zwiebel und die Knoblauchzehe schälen und in feine Würfel schneiden. Das Kokosöl in einem Topf erhitzen, die Zwiebel- und Knoblauchwürfel zugeben und 1–2 Minuten glasig anschwitzen. Das Kurkumapulver, das Paprikapulver und das Basilikum zugeben und unter Rühren 30 Sekunden anbraten. Dann mit der Kokosmilch ablöschen und die vorgegarten Kichererbsen und die gelben Linsen unterrühren. Alles einmal aufkochen und bei milder Temperatur 20 Minuten köcheln lassen. Den Eintopf mit Salz und frisch gemahlenen Pfeffer abschmecken.

Die Mango schälen, vom Stein befreien und in lange Streifen schneiden. Den Eintopf vom Herd nehmen und die Mangostreifen unterheben.

Anrichten

Den Eintopf auf 2–3 Schalen verteilen und mit frischen Basilikumblättern garnieren. Das Fladenbrot dazureichen und genießen.

Quinoa-Tomaten-Eintopf mit Ziehharmonika-Kartoffeln

Ein weiterer leckerer und wärmender Seelentröster-Eintopf, der mit den Ziehharmonika-Kartoffeln zum Hingucker wird.

für 2 Personen

Für den Quinoa-Tomaten-Eintopf

1 kleine Zwiebel
2 Karotten
2 Knoblauchzehen
1 TL Kokosöl
1½ TL Kreuzkümmelsamen
½ TL Ingwerpulver
½ TL Kurkumapulver
50 g gelbe Linsen
60 g weiße Quinoa
350 ml Wasser
1 Dose gehackte Tomaten (425 g)
1 TL Salz

Für die Ziehharmonika-Kartoffeln

250 g kleine festkochende
    Kartoffeln
2 TL Olivenöl
1 TL Salz
1 TL frisch gemahlener
    schwarzer Pfeffer

Zum Anrichten

1 frische Tomate, gewürfelt
    (nach Belieben)
frische Gartenkresse,
    nach Belieben

Quinoa-Tomaten-Eintopf

Die Zwiebel und die Karotten schälen und beides in feine Würfel schneiden. Die Knoblauchzehen schälen und fein hacken. Das Kokosöl in einem Topf erhitzen. Die Gemüsewürfel zugeben und 6–8 Minuten anschwitzen. Den Knoblauch hinzufügen und 1 Minute weiterbraten. Die Kreuzkümmelsamen, das Ingwerpulver und das Kurkumapulver zugeben und unter Rühren kurz anbraten, bis alles aromatisch duftet. Dann die Linsen, die Quinoa, das Wasser und die gehackten Tomaten zugeben und einmal aufkochen. Die Hitze reduzieren und den Eintopf ca. 25 Minuten köcheln lassen. Sobald die Linsen gar sind, den Topf vom Herd nehmen und den Eintopf mit Salz abschmecken.

Ziehharmonika-Kartoffeln

Den Backofen auf 180 °C (Ober-/Unterhitze) vorheizen und ein Backblech mit Backpapier auslegen.

Die Kartoffeln gründlich waschen, aber nicht schälen. Je 1 Kartoffel zwischen 2 Essstäbchen legen. Dann mit einem scharfen Messer sehr dünne Scheiben bis zum Widerstand der Essstäbchen einschneiden. Die Essstäbchen verhindern das Durchschneiden. Die einzelnen Schichten der Ziehharmonika-Kartoffeln leicht auseinanderbiegen, mit Olivenöl bepinseln und mit Salz und frisch gemahlenem Pfeffer würzen. Die Ziehharmonika-Kartoffeln auf das Backblech setzen und auf der mittleren Schiene ca. 20 Minuten backen, bis sie gar sind.

Anrichten

Den Quinoa-Tomaten-Eintopf auf 2 Teller verteilen und nach Belieben mit frischen Tomaten und mit frischer Gartenkresse garnieren. Dann mit den Ziehharmonika-Kartoffeln servieren.

Ravioli mit Süßkartoffelfüllung

für 2 Personen | 14–16 Stück

Für die Süßkartoffelfüllung

3 kleine Süßkartoffeln
20–30 ml Kokosmilch
1 TL Salz
1 TL frisch gemahlener
   schwarzer Pfeffer
½ TL edelsüßes Paprikapulver

Für die Ravioli

220 g Dinkelmehl Type 630
1 TL Salz
130 ml Wasser
Dinkelmehl Type 630 zum Arbeiten

Zum Anrichten

frische kleine Basilikumblätter
Olivenöl zum Beträufeln
frisch gemahlener schwarzer Pfeffer

Süßkartoffelfüllung

Den Backofen auf 180 °C (Ober-/Unterhitze) vorheizen und ein Backblech mit Backpapier auslegen. Die gewaschenen Süßkartoffeln auf das Backblech legen und ca. 35 Minuten backen. Sobald die Süßkartoffeln weich sind, diese aus dem Backofen nehmen und mit einer Gabel oder einem Kartoffelstampfer zu Brei zerdrücken. Den Süßkartoffelbrei mit der Kokosmilch beträufeln. Dann das Salz, den frisch gemahlenen Pfeffer und das Paprikapulver darüberstreuen und alles gut vermengen und abschmecken. Die Süßkartoffelfüllung beiseitestellen.

Ravioli

Das Dinkelmehl und das Salz in eine Schüssel geben und gut vermengen. Dann das Wasser hinzugeben und alles mit den Knethaken des Handrührgerätes zu einem glatten Teig verkneten. Den Teig anschließend auf eine bemehlte Arbeitsfläche geben und mit den Händen weitere 2 Minuten gut durchkneten. Den Ravioliteig zu einer langen Rolle formen, dann mit einem scharfen Messer ungefähr 30 gleich große Stücke abschneiden. Jedes Teigstück mit einem Nudelholz sehr dünn ausrollen. Auf die Hälfte der Teigblätter mittig jeweils 2 TL Süßkartoffelfüllung geben und mit einem weiteren Teigblatt bedecken. Dann alle Ränder rundherum mit einer Gabel festdrücken und gut verschließen.

Die gefüllten Ravioli nebeneinander in einen großen Bambusdämpfer legen. In einem Topf etwa 40–50 ml Wasser zum Kochen bringen, den Bambusdämpfer daraufsetzen und mit einem Deckel verschließen. Die Ravioli 18–20 Minuten dämpfen, dabei immer wieder etwas Wasser nachfüllen.

Anrichten

Die fertigen Ravioli auf 2 Teller verteilen und mit frischen Basilikumblättern garnieren. Dann je 1 TL Olivenöl darüberträufeln und etwas schwarzen Pfeffer darübermahlen.

Ravioli mit Hanfsamenpesto

2 Personen | 14–16 Stück

Für das Hanfsamenpesto

80 g geschälte Hanfsamen
75 g frische Spinatblätter
10 g frische Basilikumblätter
1 TL Salz
1 TL frisch gemahlener
    schwarzer Pfeffer
70 ml Olivenöl

Für die Ravioli

220 Gramm Dinkelmehl Type 630
1 TL Salz
130 ml Wasser
Dinkelmehl Type 630 zum Arbeiten

Zum Anrichten

3 frische Feigen, in Spalten
    geschnitten
10 g frische Thymianblättchen oder
    Gartenkresse
3 EL Kürbiskerne, fein gehackt
2 EL geschälte Hanfsamen

Hanfsamenpesto

Die Hanfsamen, die Spinatblätter, das Basilikum, das Salz und den frisch gemahlenen Pfeffer in einen Hochleistungsmixer geben und mixen. Während des Mixvorganges das Olivenöl einlaufen lassen und so lange weitermixen, bis ein cremiges Pesto entstanden ist.

Ravioli

Das Dinkelmehl und das Salz in eine Schüssel geben und gut vermengen. Dann das Wasser hinzugeben und alles mit den Knethaken des Handrührgerätes zu einem glatten Teig verkneten. Den Teig anschließend auf eine bemehlte Arbeitsfläche geben und mit den Händen weitere 2 Minuten gut durchkneten. Den Ravioliteig zu einer langen Rolle formen, dann mit einem scharfen Messer ungefähr 15 gleich große Stücke abschneiden. Jedes Teigstück mit einem Nudelholz sehr dünn ausrollen. Dann je 1 TL Pesto daraufgeben und den Teig über die Füllung klappen, sodass ein Halbmond entsteht. Die Teigränder mit einer Gabel oder mit befeuchteten Händen gut festdrücken und verschließen.

Die gefüllten Ravioli nebeneinander in einen großen Bambusdämpfer legen. In einem Topf etwa 40–50 ml Wasser zum Kochen bringen, den Bambusdämpfer daraufsetzen und mit einem Deckel verschließen. Die Ravioli 18–20 Minuten dämpfen, dabei immer wieder etwas Wasser nachfüllen.

Anrichten

Die fertigen Ravioli auf 2 Teller verteilen und mit frischen Feigen und mit frischen Thymianblättchen oder Gartenkresse garnieren. Dann mit gehackten Kürbiskernen und Hanfsamen bestreuen und genießen.

Mac no Cheese mit gerösteten Kartoffelscheiben

Meine vegane Variante des amerikanischen Souldfood-Klassikers: Die Kokosmilch sorgt für eine cremige Konsistenz und knusprige Kartoffelscheiben für den nötigen Crunch!

für 2 Personen

Für die Sauce

2 mittelgroße Kartoffeln
3 mittelgroße Karotten
35 ml Kokosmilch
10 ml Wasser
10 g Cashewkerne
2 TL Hefeflocken
1 TL edelsüßes Paprikapulver
1 TL Salz
1 TL frisch gemahlener
   schwarzer Pfeffer

Für die gerösteten Kartoffelscheiben

200 g kleine Kartoffeln
2 TL Olivenöl
1 TL Salz
1 TL frisch gemahlener
   schwarzer Pfeffer

Für die Nudeln

250 g Nudeln, z. B. Makkaroni,
   Rigatoni oder Penne (aus Hartweizen oder eine glutenfreie
   Alternative nach Wahl)
2,5 l Wasser
Salz

Zum Anrichten

frische kleine Basilikumblätter

Sauce

Die Kartoffeln und die Karotten schälen und in grobe Stücke schneiden. Anschließend in 250 ml Wasser aufkochen und bei mittlerer Hitze 30 Minuten köcheln lassen. Die Kartoffeln und die Karotten abgießen, kurz abkühlen lassen und in einen Hochleistungsmixer füllen. Die Kokosmilch, das Wasser, die Cashewkerne, die Hefeflocken und das Paprikapulver zugeben und alles zu einer cremigen Sauce mixen. Zum Schluss mit Salz und frisch gemahlenem Pfeffer abschmecken.

Geröstete Kartoffelscheiben

Den Backofen auf 180 °C (Ober-/Unterhitze) vorheizen und ein Backblech mit Backpapier auslegen. Die Kartoffeln waschen und in dünne Scheiben schneiden. Die Kartoffelscheiben in eine Schüssel geben, dann mit dem Olivenöl beträufeln und mit Salz und frisch gemahlenem Pfeffer würzen. Alles gut vermengen, bis die Kartoffeln rundherum mit Olivenöl überzogen sind. Die Kartoffelscheiben auf dem Backblech verteilen und ungefähr 25 Minuten goldbraun backen.

Nudeln

Das Wasser zum Kochen bringen und reichlich Salz zugeben. Die Nudeln nach Packungsanweisung ca. 8–12 Minuten bissfest kochen, dann abgießen und sofort zurück in den Topf geben. Die Sauce zugeben, alles gut vermischen und 2 Minuten einkochen.

Anrichten

Die fertigen Nudeln mit den gerösteten Kartoffeln vermengen und auf 2 Tellern verteilen. Mit frischen Basilikumblättern garnieren und am besten sofort genießen.

Mango-Erdnuss-Spaghetti

für 2 Personen

Für die Spaghetti

150 g Spaghetti (aus Hartweizen
  oder eine glutenfreie Alternative
  nach Wahl)
Salz
1 gelbe Paprikaschote
2 Knoblauchzehen
½ Mango
2 TL Olivenöl
3 EL Sojasauce
½ TL Agavendicksaft
10 g frische Sauerampferblätter
frisch gemahlener schwarzer Pfeffer

Zum Anrichten

2 EL ungesalzene Erdnusskerne
frische Sauerampferblätter zum
  Garnieren

Spaghetti

Einen Topf mit reichlich Wasser zum Kochen bringen und salzen. Die Spaghetti nach Packungsanweisung bissfest garen.

In der Zwischenzeit die Paprikaschote waschen, den Stielansatz und die Kerne entfernen und in dünne Streifen schneiden. Die Knoblauchzehe schälen und sehr fein hacken oder zerdrücken. Die Mango schälen und das Fruchfleisch in dünne Streifen schneiden.

Das Olivenöl in einem Wok oder in einer großen Pfanne erhitzen. Die Paprikastreifen zugeben und unter Rühren anbraten. Die Hitze reduzieren, den Knoblauch zugeben und unter Rühren 2–3 Minuten weiterbraten. Die Spaghetti abgießen, kurz abtropfen lassen und zugeben. Dann die Sojasauce und den Agavendicksaft zugeben und alles gut miteinander vermengen. Den Wok vom Herd nehmen und die Mangostreifen sowie die Sauerampferblätter unterheben. Alles mit Salz und frisch gemahlenem Pfeffer abschmecken.

Anrichten

Die Spaghetti auf 2 Teller verteilen und mit gehackten Erdnusskernen bestreuen. Zum Schluss mit frischen Sauerampferblättern garnieren und sofort genießen.

Rohe Pad Thai

für 1–2 Personen

Für die Pad Thai

2 mittelgroße Karotten
1 Rote Bete
1 mittelgroße Süßkartoffel
1 mittelgroße Zucchini

Für das Dressing

2 TL Reisessig
1 TL frisch geriebener Ingwer
1 TL Sojasauce
Saft von 1 Limette
30 ml natives Olivenöl
½ TL Salz
½ TL frisch gemahlener
   schwarzer Pfeffer

Zum Anrichten

20 g frische Kresseblättchen
2 EL schwarze Sesamsamen

Pad Thai

Die Karotten, die Rote Bete und die Süßkartoffel schälen und die Enden gerade abschneiden. Die Zucchini waschen, trocken tupfen und ebenfalls die Enden begradigen. Anschließend das Gemüse mithilfe eines Spiralschneiders zu langen dünnen Gemüsespaghetti schneiden. Die rohen Gemüsespaghetti in eine große Schüssel geben.

Dressing

Den Reisessig, den frisch geriebenen Ingwer, die Sojasauce und den frisch gepressten Limettensaft in einer kleinen Schüssel verrühren. Dann das Olivenöl zugeben und zu einem Dressing verrühren. Das Dressing mit Salz und frisch gemahlenem Pfeffer abschmecken.

Anrichten

Das Dressing über die rohen Gemüsespaghetti geben und gut vermengen, bis alles gut mit Dressing überzogen ist. Die rohen Pad Thai auf 1–2 Teller verteilen. Alles mit frischer Kresse und schwarzen Sesamsamen bestreuen und genießen.

Spaghetti mit Kürbissauce

für 1-2 Personen

Für die Spaghetti

1 mittelgroße Zucchini
80 g Spaghetti (aus Hartweizen
    oder eine glutenfreie Alternative
    nach Wahl)
Salz

Für die Kürbissauce

1 kleiner Hokkaidokürbis
320 ml Kokoswasser
50 ml Kokosmilch
1 TL Knoblauchpulver
1 TL Chilipulver
1 TL Salz
1 TL frisch gemahlener
    schwarzer Pfeffer
Saft von ½ Limette

Zum Anrichten

40 g frische Basilikumblätter
10 g frische Oreganoblättchen
2 EL frische Gartenkresse
2 EL geschälte Hanfsamen

Spaghetti

Reichlich Wasser zum Kochen bringen. Die Zucchini waschen und die Enden gerade abschneiden. Dann mithilfe eines Spiralschneiders zu langen Gemüsespaghetti schneiden und beiseitestellen. Das Nudelwasser salzen und die Spaghetti ca. 7 Minuten bissfest kochen lassen. Die Zucchinispaghetti nach der Hälfte der Kochzeit zugeben. Die al dente gekochten Nudeln samt den Zucchinispaghetti abgießen.

Kürbissauce

Während die Nudeln kochen, den Kürbis entkernen und in kleine Würfel schneiden. Die rohen Kürbiswürfel, das Kokoswasser, die Kokosmilch, das Knoblauchpulver, das Chilipulver, das Salz, den frisch gemahlenen Pfeffer und den frisch gepressten Limettensaft in einen Hochleistungsmixer geben und alles zu einer cremigen Sauce pürieren.

    Die Kürbissauce in einen Topf geben und erhitzen. Dann die tropfnassen, heißen Spaghetti und die Zucchinispaghetti zugeben und gut vermengen.

Anrichten

Die Spaghetti samt der Kürbissauce auf 1–2 Teller verteilen und mit reichlich Basilikum und Oregano sowie Gartenkresse garnieren. Zum Schluss mit Hanfsamen bestreuen und sofort genießen.

Quinoa-Pilz-Bällchen in Linsen-Tomaten-Sauce

für 2-3 Personen | ca. 12 Stück

Für die Quinoa-Pilz-Bällchen

300 g frische Pilze nach Wahl
(z. B. Champignons, Egerlinge,
Kräuterseitlinge)
1 kleine Zwiebel
4 TL Olivenöl
2 TL Salz
2 TL frisch gemahlener
   schwarzer Pfeffer
1 TL edelsüßes Paprikapulver
½ TL Kurkumapulver
200 g gekochte Quinoa
35 g feine Haferflocken
2 TL Hefeflocken
20 g frisch gehacktes Basilikum

Für die Linsen-Tomaten-Sauce

300 ml Wasser
130 g rote Linsen
1 Dose gehackte Tomaten (425 g)
20 g frische Kirschtomaten, halbiert
3 EL Tomatenmark
2 TL Salz
2 TL frisch gemahlener
   schwarzer Pfeffer
1 TL Kurkumapulver
1 TL edelsüßes Paprikapulver
1 TL Garam-Masala-Gewürz-
   mischung

Zum Anrichten

frische Thymianzweige

Quinoa-Pilz-Bällchen

Den Backofen auf 180 °C (Ober-/Unterhitze) vorheizen und ein Backblech mit Backpapier belegen.

Die Pilze sauber putzen und in kleine Stücke schneiden. Die Zwiebel schälen und fein würfeln. 2 TL Olivenöl in einer heißen Pfanne erhitzen. Die Pilze und die Zwiebelwürfel zugeben und anschwitzen. Dann das Salz, den frisch gemahlenen Pfeffer, das Paprikapulver und das Kurkumapulver zugeben. Alles unter Rühren 7 Minuten anbraten. Die gekochte Quinoa und die Haferflocken zugeben. Je nach Bedarf einen Schluck Wasser zugeben und einkochen lassen.

Den gesamten Pfanneninhalt in eine Schüssel füllen und etwas abkühlen lassen. Dann die Hefeflocken zugeben, alles in einen Mixer füllen und kurz zu einem Brei mixen. Sollte die Masse zu fest werden, einfach 1–2 EL Wasser hinzugeben. Die Masse zurück in die Schüssel geben, das gehackte Basilikum untermengen und je nach Bedarf nochmals mit Salz und frisch gemahlenem Pfeffer abschmecken. Daraus mit angefeuchteten Händen kleine mundgerechte Bällchen formen und auf dem vorbereiteten Backblech verteilen. Die Quinoa-Pilz-Bällchen mit dem restlichen Olivenöl beträufeln (2 TL) und im vorgeheizten Backofen auf der mittleren Schiene 15 Minuten goldbraun backen.

Linsen-Tomaten-Sauce

300 ml Wasser in einem Topf aufkochen. Die roten Linsen einrieseln lassen und zugedeckt 25 Minuten köcheln lassen. Dann die Tomaten aus der Dose, die frischen Tomaten und das Tomatenmark zugeben und aufkochen. Die Sauce mit Salz, frisch gemahlenem Pfeffer, Kurkumapulver, Paprikapulver und Garam Masala abschmecken und weitere 15 Minuten köcheln lassen.

Anrichten

Die Linsen-Tomaten-Sauce auf Teller verteilen und die Quinoa-Pilz-Bällchen daraufsetzen. Zum Schluss mit frischem Thymian garnieren und genießen.

Zoodles mit Kichererbsen-Tomaten-Sauce

für 2 Personen

Für die Kichererbsen-Tomaten-Sauce

1 kleine Zwiebel
1 TL spanisches Olivenöl
250 g vorgegarte Kichererbsen
1 Dose gehackte Tomaten (425 g)
110 ml Wasser
95 g rote Linsen
2 TL Salz
2 TL frisch gemahlener
    schwarzer Pfeffer

Für die Zoodles

2 Zucchini
500 ml Wasser
1 TL Salz

Zum Anrichten

2 Zweige frisches Basilikum
frische Gartenkresse

Kichererbsen-Tomaten-Sauce

Die Zwiebel schälen und fein würfeln. Das Olivenöl in einem Topf erhitzen und die Zwiebelwürfel darin einige Minuten goldbraun anbraten. Die vorgegarten Kichererbsen zugeben und unter Rühren 3–4 Minuten weiterbraten. Dann die gehackten Tomaten, 110 ml Wasser und die roten Linsen zugeben, alles gut verrühren und bei milder Temperatur 20 Minuten köcheln lassen. Sobald die Linsen gar sind, alles mit Salz und frisch gemahlenem Pfeffer abschmecken.

Zoodles

Die Zucchini waschen und die Enden gerade abschneiden. Dann mithilfe eines Spiralschneiders zu langen Gemüsespaghetti schneiden. Das Wasser in einem Topf aufkochen, die Zucchinispaghetti zugeben, salzen und 2–3 Minuten bissfest garen. Die Zoodles abgießen und sofort heiß anrichten.

Anrichten

Die Zoodles und die Kichererbsen-Tomaten-Sauce auf 2 Teller verteilen. Dann mit reichlich gezupftem Basilikum und Gartenkresse garnieren und sofort genießen.

Zoodles mit Mandelparmesan und karamellisiertem Mais

für 1–2 Personen

Für den Mandelparmesan

70 g Mandelkerne
1½ TL Hefeflocken
1 TL Salz
1 TL frisch gemahlener
   schwarzer Pfeffer

Für die Zoodles

1 Zucchini
1 TL Olivenöl
1 TL Kokosnussmus
1 TL Salz
1 TL frisch gemahlener
   schwarzer Pfeffer

Für den karamellisierten Mais

1 TL Kokosöl
110 g vorgegarte Maiskörner
20 g Kokosblütenzucker
1 TL Salz
1 TL frisch gemahlener
   schwarzer Pfeffer

Zum Anrichten

50 g gemischte bunte Kirschtomaten, halbiert
frische Basilikumblätter

Mandelparmesan

Die Mandelkerne in einer heißen Pfanne ohne Ölzugabe 2–3 Minuten rösten. Dann in einen Hochleistungsmixer füllen. Die Hefeflocken, das Salz und den frisch gemahlenen Pfeffer zugeben und alles fein mahlen.

Zoodles

Die Zucchini waschen und die Enden gerade abschneiden. Dann mithilfe eines Spiralschneiders zu langen Gemüsespaghetti schneiden. Das Olivenöl in einer heißen Pfanne erhitzen. Das Kokosnussmus und die Zucchinispaghetti zugeben und 2 Minuten anschwitzen. Dann mit Salz und frisch gemahlenem Pfeffer würzen.

Karamellisierter Mais

Das Kokosöl in einer heißen Pfanne erhitzen. Die Maiskörner zugeben und mit dem Kokosblütenzucker bestreuen. Dann mit Salz und frisch gemahlenem Pfeffer würzen und 2–3 Minuten karamellisieren lassen.

Anrichten

Die Zucchininudeln auf 1–2 Teller verteilen. Die halbierten Kirschtomaten sowie die karamellisierten Maiskörner darauf verteilen. Dann mit frischen Basilikumblättern garnieren und mit reichlich Mandelparmesan bestreuen.

Leichte Leckereien

SALATE, SUPPEN & MEHR

Vor allem zum Lunch greife ich gern auf schnell zubereitete, leichte Köstlichkeiten zurück, die Energie spenden, ohne im Magen zu liegen.

———

Bunte Salatvariationen, aufgepeppt mit ganz vielen Superfoods und Getreidearten, aber auch Suppen lassen sich gut vorbereiten und mit in die Uni oder zur Arbeit nehmen. Hier sind sie – meine leichten Lieblinge!

Brokkoli-Avocado-Salat mit Kürbisgnocchi

Nach jahrelanger Verweigerungshaltung – als Kind konnte ich die grünen Röschen zur Verzweiflung meiner Mutter einfach nicht ausstehen! – bin ich mittlerweile zur echten Brokkoliliebhaberin mutiert. Hier kommt der mineralstoffreiche Kohl im frischen Salatgewand daher. Gemeinsam mit den Kürbisgnocchi wird das Ganze zu einer sättigenden und gesunden Mahlzeit.

für 2 Personen

Für die Kürbisgnocchi

160 g pürierter, gekochter Kürbis (z. B. Muskat- oder Hokkaidokürbis)
55 g Dinkelmehl Type 630
1 TL Salz
1 TL frisch gemahlener schwarzer Pfeffer
2 TL Olivenöl

Für den Brokkoli-Avocado-Salat

180 g Brokkoli, bissfest gegart
1½ Avocados
120 g frischer Babyspinat, gewaschen
Saft von 1 Limette
1 TL Salz
1 TL frisch gemahlener schwarzer Pfeffer

Zum Anrichten

20 g Kürbiskerne, grob gehackt

Kürbisgnocchi

Das Kürbispüree und das Dinkelmehl in eine Schüssel geben und mit einem Kochlöffel vermengen. Die Kürbismasse mit Salz und frisch gemahlenem Pfeffer würzen und alles behutsam zu einem gebundenen Teig vermengen. Eine Lage Frischhaltefolie auslegen, dann den Kürbisteig mittig auf die Folie geben und locker zu einer länglichen Rolle formen. Dann den Teig samt der Frischhaltefolie aufrollen und die überstehenden Enden straff verschließen, sodass ein kompaktes großes Bonbon entsteht. Den Teig 1–2 Stunden in das Tiefkühlfach legen und anfrieren lassen.

Den erkalteten Teig aus der Folie wickeln und mit einem scharfen Messer in mundgerechte Stücke schneiden.

Das Olivenöl in einer beschichteten Pfanne erhitzen, die Kürbisgnocchi nebeneinander in die Pfanne legen und beidseitig goldbraun braten, bis sie durch sind.

Brokkoli-Avocado-Salat

Den Brokkoli in eine Schüssel geben. Die Avocados schälen, den Kern entfernen und das Fruchtfleisch in Würfel schneiden. Die Avocadowürfel und die Spinatblätter zu dem Brokkoli geben. Dann alles mit dem frisch gepressten Limettensaft beträufeln, mit Salz und frisch gemahlenem Pfeffer würzen und behutsam vermengen.

Anrichten

Den Brokkoli-Avocado-Salat in 2 tiefe Teller oder Schalen geben. Die noch warmen Kürbisgnocchi auf dem Salat verteilen, mit gehackten Kürbiskernen bestreuen und sofort genießen.

Fenchel-Orangen-Salat

Für den Salat

1 Orange
1 Fenchelknolle
2 EL Sesamöl
1 TL Salz
1 TL frisch gemahlener
  schwarzer Pfeffer

Zum Anrichten

1 ausgehöhlte Fenchelknolle

Salat

Von der Orange oben und unten eine Scheibe abschneiden, sodass das Fruchtfleisch zu sehen ist. Die Orange zum Filetieren auf eine der flachen Seiten stellen. Dann mit einem sehr scharfen Messer die Schale vorsichtig so dick abschneiden, dass die weiße Haut vollständig mit entfernt wird. Die Orange dann in die Hand nehmen und über einer Schüssel die einzelnen Orangenfilets mit einem Messer zwischen den Trennwänden herausschneiden. Den abtropfenden Orangensaft auffangen und beiseitestellen. Die Fenchelknolle putzen und in sehr dünne Streifen schneiden oder hobeln. Die Fenchelstreifen mit den Orangenfilets vermengen.

Für das Dressing den Orangensaft mit dem Sesamöl gut verrühren und mit Salz und frisch gemahlenem Pfeffer abschmecken. Das Dressing über den Salat gießen und alles gut vermengen.

Anrichten

Den Fenchel-Orangen-Salat in eine ausgehöhlte Fenchelknolle füllen und genießen.

Adzukibohnen-Reis-Salat mit Pesto und Mairüben

Dieser Salat schmeckt auch kalt hervorragend und passt perfekt aufs sommerliche Grillbuffet. Das Pesto ist eine meiner Geheimwaffen, wenn es schnell gehen muss. Natürlich lässt es sich auch ganz klassisch zu Pasta kombinieren.

für 2 Personen

Für die Adzukibohnen und den Reis

50 g trockene Adzukibohnen, mindestens 12 Stunden in kaltem Wasser eingeweicht
400 ml Wasser
120 g Langkornreis
2 TL Salz

Für das Pesto

65 g Walnusskerne
45 g Cashewkerne
20 g Pinienkerne
100 g frische Basilikumblätter
Saft von ½ Limette
150 ml Olivenöl
1 TL Salz
1 TL frisch gemahlener schwarzer Pfeffer

Für die Mairüben

3 kleine gelbe Mairüben
2 TL Olivenöl
1 TL Salz
1 TL frisch gemahlener schwarzer Pfeffer

Zum Anrichten

1 TL getrocknete mediterrane Kräuter zum Bestreuen
frische Basilikumblätter zum Garnieren

Adzukibohnen und Reis

Die eingeweichten Adzukibohnen abgießen. 200 ml kaltes Wasser und die Adzukibohnen zum Kochen bringen und zugedeckt bei mittlerer Hitze 35–55 Minuten köcheln lassen, bis sie gar sind. Gegen Ende der Garzeit 1 TL Salz zugeben und je nach Bedarf etwas Wasser nachfüllen. 200 ml Wasser in einem separaten Topf aufkochen, den Reis und 1 TL Salz zugeben und zugedeckt bei milder Hitze 20–25 Minuten gar kochen. Die fertig gegarten Adzukibohnen abgießen und mit dem gekochten Reis vermengen.

Pesto

Die Walnusskerne, die Cashewkerne und die Pinienkerne in einer Pfanne ohne Ölzugabe 1–2 Minuten rösten, bis sie aromatisch duften. Die Nusskerne aus der Pfanne nehmen, abkühlen lassen und in einen Mixer füllen. Die Basilikumblätter, den frisch gepressten Limettensaft und das Olivenöl zugeben. Alles zusammen fein pürieren. Das Pesto mit Salz und frisch gemahlenem Pfeffer abschmecken.

Mairüben

Die Mairüben gründlich waschen, dann samt der Schale in Spalten schneiden. Das Olivenöl in einer beschichteten Pfanne erhitzen, die Rübchen zugeben und von allen Seiten goldbraun anbraten. Zum Schluss mit Salz und frisch gemahlenem Pfeffer würzen.

Anrichten

Den Adzukibohnen-Reis auf 2 Teller verteilen und darauf die Mairüben anrichten. Alles mit getrockneten Kräutern bestreuen und mit frischen Basilikumblättern garnieren. Das Pesto in einem Schälchen dazureichen und genießen.

Kürbis-Avocado-Salat

für 2 Personen

Für die Kürbisspalten

½ Hokkaidokürbis
2 TL Olivenöl
1 TL Salz
1 TL frisch gemahlener
    schwarzer Pfeffer
½ TL Zwiebelgranulat oder -pulver
½ TL fein geriebene Muskatnuss
½ TL Zimtpulver

Für den Salat

80 g frische junge Spinatblätter
60 g Endiviensalat
1 Avocado
3 frische Feigen
40 g getrocknete Physalis oder
    Granatapfelsamen
20 g frische Kirschtomaten, halbiert
Saft von ½ Limette

Zum Anrichten

15 g schwarze Sesamsamen
2 TL geschälte Hanfsamen
Gartenkresse oder frischer Thymian
    zum Garnieren

Kürbisspalten

Den Backofen auf 180 °C (Ober-/Unterhitze) vorheizen und ein Backblech mit Backpapier auslegen. Den Kürbis halbieren und die Kerne mit einem Löffel herausschaben. Die Kürbishälften in gleichmäßig dicke Spalten schneiden. Das Olivenöl, das Salz, den frisch gemahlenen Pfeffer, das Zwiebelgranulat, die frisch geriebene Muskatnuss und das Zimtpulver in einer großen Schüssel verrühren. Die Kürbisspalten zugeben und gut vermengen, bis sie rundherum mit dem Gewürzöl überzogen sind. Die marinierten Kürbisspalten auf dem Backblech verteilen und auf der mittleren Schiene 35–40 Minuten goldbraun rösten.

Salat

Die gewaschenen und gut trocken getupfen Spinat- und Endivienblätter in eine Schüssel geben. Die Avocado längs halbieren, den Stein entfernen und schälen. Das Avocadofruchtfleisch in Spalten schneiden und auf den Salat geben. Die Feigen waschen, vierteln und ebenfalls zugeben. Dann die Physalis und die halbierten Kirschtomaten darüber verteilen. Alles mit frisch gepresstem Limettensaft beträufeln und behutsam vermengen.

Anrichten

Den Salat auf 2 Teller verteilen. Die gerösteten Kürbisspalten auf dem Salat anrichten und mit schwarzen Sesamsamen, geschälten Hanfsamen und frischer Gartenkresse garnieren.

Buchweizensalat mit Kokosdressing

Im Salat eine tolle Alternative zu Couscous und Bulgur: Buchweizen, der wie Quinoa und Amaranth kein Gluten enthält, dafür aber reich ist an Proteinen und Mineralstoffen.

für 2 Personen

Für den Salat
180 ml Wasser
1 TL Salz
110 g Buchweizen
60 g frische Spinatblätter
100 g frische Kirschtomaten
2 EL vorgegarte Kichererbsen
1 Zweig frische Zitronenminze
1 TL frisch gemahlener
   schwarzer Pfeffer
½ TL Zimtpulver
½ TL Ingwerpulver

Für das Dressing
65 ml Kokosmilch
2 TL Sojasauce
1 TL Salz
1 TL frisch gemahlener
   schwarzer Pfeffer
½ TL Erdnussbutter

Zum Anrichten
2 TL geschälte Hanfsamen

Salat
Das Wasser und das Salz in einem Topf aufkochen. Den Buchweizen zugeben und zugedeckt bei mittlerer Hitze 20–25 Minuten köcheln lassen. Dabei gelegentlich umrühren.

Währenddessen den Spinat waschen und in mundgerechte Stücke zerrupfen. Die Kirschtomaten ebenfalls waschen und halbieren oder vierteln. Den Spinat, die Tomaten und die vorgegarten Kichererbsen in eine große Schüssel geben. Die Zitronenminzeblätter vom Zweig zupfen und zugeben. Dann den gegarten Buchweizen sowie den frisch gemahlenen Pfeffer, das Zimtpulver und das Ingwerpulver zugeben. Alles zusammen mit einem Holzlöffel vermengen und abschmecken.

Dressing
Die Kokosmilch, die Sojasauce, das Salz, den frisch gemahlenen Pfeffer und die Erdnussbutter in einer kleinen Schüssel verrühren.

Anrichten
Den Buchweizensalat auf 2 Schalen verteilen und mit dem Dressing beträufeln. Zum Schluss mit geschälten Hanfsamen bestreuen und genießen.

Buchweizensalat mit Obst und Gemüse

für 2 Personen

Für den Buchweizen

220 ml Wasser
2 TL Salz
120 g Buchweizen

Für den Salat

2 Salatherzen
3 Karotten
100 g frische Kirschtomaten
½ Mango
1 reife Avocado
2 frische Feigen
80 g frische Heidelbeeren
Saft von 1 Limette

Zum Anrichten

2 EL schwarze Sesamsamen
2 EL geschälte Hanfsamen
1 TL Sonnenblumenkerne
frische Thymianzweige zum
   Garnieren

Buchweizen

Das Wasser und das Salz in einem Topf aufkochen. Den Buchweizen zugeben und bei mittlerer Hitze 20–25 Minuten köcheln lassen. Dabei gelegentlich umrühren. Den garen Buchweizen in eine Schüssel geben und kurz abkühlen lassen.

Salat

Die Salatherzen waschen, gut trocken schütteln und in mundgerechte Stücke schneiden. Die Karotten schälen und in dünne Scheiben schneiden. Die Kirschtomaten waschen und halbieren. Die Mango schälen und das Fruchtfleisch in dünne Spalten schneiden. Die Avocado längs halbieren, den Stein entfernen und schälen. Das Avocadofruchtfleisch ebenso in dünne Spalten schneiden. Die Feigen vierteln. Den geschnittenen Salat, das Gemüse und das Obst in eine große Schüssel geben. Den gekochten Buchweizen zugeben und behutsam vermengen. Den Buchweizensalat mit frisch gepresstem Limettensaft abschmecken.

Anrichten

Den Buchweizensalat auf 2 Schalen verteilen und mit schwarzen Sesamsamen, geschälten Hanfsamen und Sonnenblumenkernen bestreuen. Zum Schluss mit frischen Thymianzweigen garnieren und genießen.

Karottenpommes mit Guacamole

Ein Allrounder, der garantiert immer gelingt und als Topping jeden noch so langweiligen Blattsalat aufwertet.

für 2 Personen

Für die Karottenpommes

5–6 Karotten
2 TL zerlassenes Kokosöl
2 TL edelsüßes Paprikapulver
1½ TL frisch gemahlener
    schwarzer Pfeffer
1 TL Salz

Für die Guacamole

2 Avocados
Saft von 1 Limette
2 kleine Zwiebeln
1 TL Salz
1 TL frisch gemahlener
    schwarzer Pfeffer
1 TL Knoblauchpulver

Karottenpommes

Den Backofen auf 180° (Ober-/Unterhitze) vorheizen und ein Backblech mit Backpapier auslegen.

Die Karotten schälen und längs in dünne lange Stifte schneiden. Die Karotten in eine Schüssel geben. Das zerlassene Kokosöl, das Paprikapulver, den frisch gemahlenen Pfeffer und das Salz zugeben und alles gut vermengen. Die marinierten Karotten auf dem Backblech verteilen, dabei darauf achten, dass diese nicht übereinanderliegen. Die Karottenpommes auf der mittleren Schiene 25–30 Minuten goldbraun backen.

Guacamole

Die Avocados halbieren, entsteinen und mit einer Gabel zerdrücken. Dann mit dem Limettensaft beträufeln. Die Zwiebel schälen und in sehr feine Würfel schneiden. Die Zwiebelwürfel mit einer Gabel unter das Avocadofruchtfleisch mengen. Die Guacamole mit Salz, frisch gemahlenem Pfeffer und Knoblauchpulver abschmecken.

Kürbishummus mit Bananenecken

für 1-2 Personen

Für das Kürbishummus

160 g vorgegarte Kichererbsen
   (aus der Dose)
80 g gekochtes Kürbispüree
2 Knoblauchzehen
3 TL Olivenöl
3 TL Wasser
2 TL Sesampaste (Tahini)
Saft von 1 Limette
1 TL frisch gemahlener
   schwarzer Pfeffer
1 TL Salz

Für die Bananenecken

1 reife Banane
3 EL gekochtes Kürbispüree
20 ml Wasser
80 g Haferflocken
20 g Dinkelmehl Type 630
1 TL Salz
1 TL frisch gemahlener
   schwarzer Pfeffer
½ TL Ingwerpulver
½ TL gemahlene Koriander-
   samen

Zum Anrichten

2 EL Kürbiskerne
1 EL schwarze Sesamsamen
4 Zweige frischer Thymian
2 Prisen edelsüßes Paprikapulver

Kürbishummus

Die Kichererbsen abgießen, dann unter fließendem kaltem Wasser gut abspülen und in einen Hochleistungsmixer füllen. Das Kürbispüree zugeben. Die Knoblauchzehen schälen, grob hacken und ebenfalls zugeben. Das Olivenöl, das Wasser und die Sesampaste zugeben und alles zu einer Paste pürieren. Sollte die Masse zu fest sein, einfach 1–2 EL Wasser untermixen. Das Kürbishummus mit frisch gepresstem Limettensaft, frisch gemahlenem Pfeffer und Salz abschmecken.

Bananenecken

Den Backofen auf 180 °C (Ober-/Unterhitze) vorheizen und ein Backblech mit Backpapier auslegen.

Die Banane schälen und mit einer Gabel zu Brei zerdrücken, dann in eine Schüssel geben. Das Kürbispüree und das Wasser unterrühren. In einer separaten Schüssel die Haferflocken, das Dinkelmehl, das Salz, den frisch gemahlenen Pfeffer, das Ingwerpulver und die gemahlenen Koriandersamen vermischen. Dann zu dem Bananen-Kürbis-Brei geben und behutsam vermengen.

Den Teig auf dem Backblech verteilen und zu einem 1 cm hohen Fladen verstreichen. Dann auf der mittleren Schiene 10–12 Minuten goldbraun backen. Den Bananen-Kürbis-Fladen aus dem Backofen nehmen und in Dreiecke schneiden.

Anrichten

Das Kürbishummus in 1–2 Schalen füllen und mit Kürbiskernen und schwarzen Sesamsamen bestreuen. Dann mit frischem Thymian und Paprikapulver garnieren. Die Bananenecken zum Dippen dazureichen.

Bunter Snacksalat mit gerösteten Kichererbsen

Für 2 Personen

Für den Salat

80 g Endiviensalat
130 g Eisbergsalat (oder andere
    gemischte knackige Salatblätter)
80 g Rucola
80 g frische Spinatblätter
2 frische Feigen
50 g kleine Kirschtomaten
55 g Karotten
1 Stange Staudensellerie
65 g frische Heidelbeeren

Für das Dressing

Saft von 1 Limette
1 TL Salz
1 TL frisch gemahlener
    schwarzer Pfeffer
2 TL Olivenöl

Für die Kichererbsen

120 g vorgegarte Kichererbsen
2 TL Olivenöl
1 TL Salz
1 TL frisch gemahlener
    schwarzer Pfeffer
½ TL edelsüßes Paprikapulver
½ TL Zimtpulver

Zum Anrichten

3 TL Kürbiskerne
2 TL geschälte Hanfsamen
frische Gartenkresse oder frische
    Thymianblättchen

Salat

Den Endiviensalat, den Eisbergsalat, den Rucola und die Spinatblätter putzen, waschen und gut trocken schütteln. Anschließend in mundgerechte Stücke zerteilen. Die Feigen vierteln und die Kirschtomaten halbieren, dann zu dem Salat geben. Die Karotten schälen und in mundgerechte Stücke schneiden. Die Selleriestange putzen und in Scheiben schneiden. Beides zusammen mit den Heidelbeeren zu dem Salat geben und alles behutsam vermengen.

Dressing

Den frisch gepressten Limettensaft mit dem Salz und dem frisch gemahlenen Pfeffer verrühren, bis sich das Salz aufgelöst hat. Dann das Olivenöl unterrühren.

Kichererbsen

Das Olivenöl in einer beschichteten Pfanne erhitzen. Die vorgegarten Kichererbsen zugeben und unter Rühren 2–3 Minuten goldbraun anbraten. Die gerösteten Kichererbsen mit Salz, frisch gemahlenem Pfeffer, Paprikapulver und Zimt würzen und gut verrühren. Dann aus der Pfanne nehmen.

Anrichten

Den Salat auf 2 Teller verteilen und mit dem Dressing beträufeln. Die Kürbiskerne und die Hanfsamen über den Salat streuen und mit Gartenkresse garnieren. Die gerösteten Kichererbsen in einem separaten Schälchen dazureichen und genießen.

Karottensalat mit Kürbisspalten und gerösteten Kichererbsen

für 2 Personen

Für die Kürbisspalten

½ kleiner Speisekürbis (z. B. Hokkaido oder grünschaliger Muskatkürbis)
2 TL geschmolzenes Kokosöl
1 TL Salz
1 TL frisch gemahlener schwarzer Pfeffer
½ TL Knoblauchpulver

Für den Karottensalat

450 g junge Karotten, am besten mit unterschiedlichen Größen
1 TL Balsamicoessig
2 TL Olivenöl
½ TL Kokosblütenzucker
1 TL Salz
1 TL frisch gemahlener schwarzer Pfeffer

Für die gerösteten Kichererbsen

2 TL Olivenöl
150 g vorgegarte Kichererbsen
1 TL Salz
1 TL frisch gemahlener schwarzer Pfeffer
½ TL edelsüßes Paprikapulver
½ TL Zimtpulver

Zum Anrichten

frische Gartenkresse

Kürbisspalten

Den Backofen auf 180 °C (Ober-/Unterhitze) vorheizen und ein Backblech mit Backpapier auslegen.

Den Speisekürbis ungeschält in fingerdicke Spalten schneiden. Die Schale kann problemlos mitgegessen werden. Das geschmolzene Kokosöl, das Salz, den frisch gemahlenen Pfeffer und das Knoblauchpulver in einer Schüssel verrühren. Dann die Kürbisspalten zugeben und gut vermengen. Die gewürzten Kürbisspalten auf dem Backblech verteilen und auf der mittleren Schiene 20 Minuten backen. Anschließend die Kürbisspalten wenden und weitere 20 Minuten goldbraun rösten.

Karottensalat

Die Hälfte der Karotten schälen, fein raspeln und mit dem Balsamico vermengen. Die Karottenrohkost beiseitestellen. Die restlichen Karotten ebenfalls schälen oder mit einem Messer abschaben. Größere Exemplare in mundgerechte Stücke schneiden. Das Olivenöl in einer Pfanne erhitzen. Die Karotten zugeben und zusammen mit dem Kokosblütenzucker und dem Salz 2 Minuten andünsten und karamellisieren. Die knackigen, karamellisierten Karotten mit frisch gemahlenem Pfeffer würzen, aus der Pfanne nehmen und beiseitestellen.

Geröstete Kichererbsen

Das Olivenöl in einer beschichteten Pfanne erhitzen. Die vorgegarten Kichererbsen zugeben und unter Rühren 2–3 Minuten goldbraun anbraten. Die gerösteten Kichererbsen mit Salz, frisch gemahlenem Pfeffer, Paprikapulver und Zimt würzen und gut verrühren. Dann aus der Pfanne nehmen und in eine Schüssel füllen.

Anrichten

Die geraspelten Karotten, die gebratenen Karotten und die gerösteten Kichererbsen auf 2 Teller verteilen. Dann die Kürbisstücke darauflegen und mit frischer Gartenkresse garnieren.

Sommerrollen

für 3 Personen | ca. 15 Stück

Für die Sommerrollen

ca. 15 Blätter rundes Reispapier
(Durchmesser 22 cm)
120 g frischer Blattsalat
50 g junge frische Spinatblätter
2 Zucchini
2 kleine Salatgurken
5 Karotten (à ca. 80 g)
1 Bund frischer Koriander
  (ca. 50 g)
1 Bund frischer Sauerampfer
  (ca. 50 g)
2 Kästchen frische Gartenkresse
  (ca. 50 g)

Zum Anrichten

3 EL schwarze Sesamsamen
3 EL ungesalzene Erdnusskerne
30–50 ml Sojasauce zum Tunken

Sommerrollen

Zimmerwarmes Wasser in eine flache Schale füllen. Die Schale muss etwas größer als die Reispapierblätter sein.

Die Blattsalat- und die Spinatblätter waschen, putzen und in kleine Stücke zerpflücken. Die Zucchini und die Salatgurken waschen, die Enden abschneiden und längs in dünne Stäbchen schneiden. Die Karotten schälen und ebenfalls längs in dünne Stäbchen schneiden. Den Koriander waschen, die Korianderblätter von den Zweigen zupfen und gut trocken tupfen. Die Sauerampferblätter ebenfalls waschen und gut trocken tupfen.

Je 1 Reispapierblatt ungefähr 10 Sekunden in das Wasser legen, bis es weich ist. Dann herausnehmen und auf einem feuchten Geschirrtuch ausbreiten. Die Oberfläche leicht trocken tupfen. Auf die untere Hälfte des Reispapierblattes mittig nach Belieben Salatblätter, Gemüse und Kräuter legen. Die Seitenränder links und rechts großzügig über die Füllung klappen und anschließend von unten nach oben aufrollen. Die gefüllte Sommerrolle auf eine Platte legen und mit einem feuchten Geschirrtuch bedecken. Auf diese Weise nach und nach mehrere Sommerrollen füllen, bis das Gemüse verbraucht ist.

Anrichten

Die gefüllten Sommerrollen quer halbieren und mit der Schnittfläche nach oben in einer großen Schale anrichten. Dann mit schwarzen Sesamsamen und Erdnusskernen bestreuen. Die Sojasauce in einem Schälchen zum Tunken reichen.

Tomatengazpacho mit Toastecken

für 2 Personen

Für die Tomatengazpacho

750 g frische aromatische Tomaten
½ kleine Zwiebel
1 Knoblauchzehe
½ Salatgurke
1 Stange Staudensellerie
1 grüne Paprikaschote
Saft von ½ Limette
4 TL spanisches Olivenöl
1 TL Salz
1 TL frisch gemahlener
  schwarzer Pfeffer

Für die Toastecken

4 Scheiben veganes Toastbrot
2 TL Kokosöl

Zum Anrichten

½ Avocado, in kleine Würfel
  geschnitten
4 frische Kirschtomaten, halbiert
2 TL geschälte Hanfsamen,
  nach Belieben
2 TL schwarze Sesamsamen,
  nach Belieben
frische gezupfte Basilikumblätter
  zum Garnieren

Tomatengazpacho

Die Tomaten waschen, den Strunk herausschneiden und würfeln. Die Zwiebel und die Knoblauchzehe schälen und fein würfeln. Die Salatgurke und den Staudensellerie waschen und in Stücke schneiden. Die Paprikaschote waschen, den Stielansatz und die Samen entfernen und ebenfalls in Stücke schneiden. Alles zusammen in einen Hochleistungsmixer füllen. Den frisch gepressten Limettensaft und das Olivenöl zugeben und 30 Sekunden pürieren. Die Tomatengazpacho mit Salz und frisch gemahlenem Pfeffer abschmecken.

Toastecken

Die Toastscheiben diagonal halbieren. Das Kokosöl in einer Pfanne erhitzen. Die Toastecken darin von beiden Seiten ca. 2 Minuten knusprig braten.

Anrichten

Die kalte Suppe in 2 große Schalen füllen. Die Avocadostücke und die halbierten Kirschtomaten mittig in die Suppe setzen. Dann nach Belieben mit geschälten Hanfsamen und schwarzen Sesamsamen bestreuen und mit gezupften Basilikumblättern garnieren. Die Tomatengazpacho mit den knusprigen Toastecken servieren.

Brokkoli-Erbsen-Suppe

für 2 Personen

Für die Suppe

350 ml Wasser
150 g Brokkoliröschen
80 g Erbsen (tiefgefroren)
1 kleine Zwiebel
15 g grüne Pistazienkerne
55 ml Kokosmilch
1 TL Salz
1 TL frisch gemahlener
    schwarzer Pfeffer
1 TL Ingwerpulver

Zum Anrichten

2 TL geschälte Hanfsamen
2 TL grüne Pistazienkerne
1 TL salziges Müsli (siehe Rezept
    »Salziges Müsli« auf Seite 248)
frische Gartenkresse zum
    Garnieren

Suppe

350 ml Wasser in einem Topf aufkochen. Die Brokkoliröschen und die Erbsen zugeben und 4–6 Minuten köcheln lassen. Je 2 Brokkoliröschen und 1 EL Erbsenkerne herausnehmen und bis zum Anrichten beiseitestellen. Die Zwiebel schälen, sehr fein würfeln und in die Suppe geben. Dann die Pistazienkerne und die Kokosmilch zugeben. Die Suppe mit Salz, frisch gemahlenem Pfeffer und Ingwerpulver würzen. Den gesamten Topfinhalt in einen Hochleistungsmixer füllen und cremig pürieren. Die Brokkoli-Erbsen-Suppe nochmals abschmecken.

Anrichten

Die cremige Brokkoli-Erbsen-Suppe in 2 tiefe Teller gießen. Die beiseitegelegten Brokkoliröschen und die Erbsen mittig in die Suppe geben. Dann mit geschälten Hanfsamen, gehackten Pistazienkernen und salzigem Müsli bestreuen. Zum Schluss mit frischer Gartenkresse garnieren und genießen.

Kokos-Reis-Suppe

Da ich in meiner Küche viel experimentiere, fallen häufig Reste an. Wegwerfen ist für mich allerdings keine Option, denn alles lässt sich mit etwas Kreativität noch weiterverarbeiten. Diese Suppe ist eine meiner liebsten Leftover-Rezepte für übrig gebliebenen Reis.

für 2 Personen

Für die Suppe

1 kleine Zwiebel
2 Stangen Staudensellerie
1 Karotte
1 Zucchini
1 kleine Süßkartoffel
300 ml Wasser
120 ml Kokosmilch, etwas mehr
    nach Bedarf
140 g vorgegarter Basmatireis
½ TL getrocknetes Basilikum
¼ TL gerebelter Oregano
1 TL Salz
1 TL frisch gemahlener schwarzer
    Pfeffer

Zum Anrichten

¼ TL schwarze Sesamsamen
¼ TL weiße Sesamsamen
1 Prise getrocknetes Basilikum
1 Prise gerebelter Oregano
¼ TL edelsüßes Paprikapulver
frische Basilikumblätter zum
    Garnieren

Suppe

Die Zwiebel schälen und in feine Würfel schneiden. Den Staudensellerie waschen, putzen und in Scheiben schneiden. Die Karotte schälen und in dünne Scheiben schneiden. Die Zucchini waschen, die Enden abschneiden, längs halbieren und in Scheiben schneiden. Die Süßkartoffel schälen und in kleine Würfel schneiden.

300 ml Wasser in einem Topf aufkochen. Das gesamte Gemüse und 120 ml Kokosmilch zugeben und alles 15 Minuten sanft köcheln lassen. Anschließend den vorgegarten Basmatireis zugeben und zugedeckt einige Minuten köcheln lassen, bis das Gemüse gar ist. Je nach Bedarf etwas Kokosmilch hinzufügen. Die Suppe mit getrocknetem Basilikum, gerebeltem Oregano, Salz und frisch gemahlenem Pfeffer abschmecken.

Anrichten

Die Suppe in 2 Schalen oder tiefe Teller geben. Dann mit schwarzen und weißen Sesamsamen, getrocknetem Basilikum und gerebeltem Oregano bestreuen. Zum Schluss mit Paprikapulver und frischen Basilikumblättern garnieren und genießen.

Für den süßen Zahn

COOKIES, EISCREME & CO.

Wenn es um die Herstellung süßer Kleinigkeiten geht, bin ich in meinem Element. Ich kann stundenlang in der Küche zubringen, um mich an neuen Cookie- und Muffinkreationen zu probieren. Übrigens ganz zur Freude meiner Familie und Freunde, denn eine Dose mit irgendeiner Köstlichkeit habe ich eigentlich immer im Gepäck.

Weniger als Mitbringsel geeignet, dafür aber
super im Gefrierschrank auf Vorrat lagerbar:
Eiscreme – zubereitet ganz ohne Eismaschine und
zu jeder Jahreszeit ein Hochgenuss!

Bananenbrot mit Schoko-Vanille-Creme

Das perfekte (gesunde) Mitbringsel für Geburtstagsfeiern! Je reifer und dunkler die Bananen sind, desto weniger Zucker benötigt ihr dank der Fruchtsüße.

für 4 Personen | 8 kleine oder 4 mittlere Einmachgläser

Für das Bananenbrot

Kokosöl zum Einfetten
120 g Dinkelmehl Type 630
35 g brauner Zucker
2 TL Chiasamen
1½ TL Backpulver
1 EL Kakaopulver
1 TL Vanilleextrakt
2 überreife Bananen
80 ml Kokosmilch
2 TL Agavendicksaft
25 g dunkles Mandelmus

Für die Schoko-Vanille-Creme

80 ml Sojajoghurt
75 g Cashewkerne, mindestens
   2 Stunden in 150 ml heißem
   Wasser eingeweicht
2 TL Vanilleextrakt
Saft von ½ Zitrone
100 g geschmolzene vegane
   Schokolade (40 % Kakaoanteil)

Zum Anrichten

Bananenchips, nach Belieben

Bananenbrot

Den Backofen auf 180 °C (Ober-/Unterhitze) vorheizen. 8 kleine oder 4 mittlere Einmachgläser mit Kokosöl einfetten.

Das Dinkelmehl, den Zucker, die Chiasamen, das Backpulver, das Kakaopulver und den Vanilleextrakt in eine Rührschüssel geben und gut vermengen.

Die geschälten Bananen mit einer Gabel zu Brei zerdrücken und zusammen mit der Kokosmilch, dem Agavendicksaft und dem Mandelmus vorsichtig unter die Mehlmischung rühren, bis eine homogene Masse entsteht. Den Teig gleichmäßig in die vorbereiteten Gläser verteilen und 30–35 Minuten goldbraun backen. Die Gläser aus dem Backofen nehmen, auf ein Kuchengitter stellen und abkühlen lassen.

Schoko-Vanille-Creme

Den Sojajoghurt, die eingeweichten und abgegossenen Cashewkerne, den Vanilleextrakt und den Zitronensaft in einen Hochleistungsmixer geben. Dann die geschmolzene Schokolade zugeben und alles auf höchster Stufe zu einer glatten Masse verarbeiten.

Anrichten

Die Schoko-Vanille-Creme auf die abgekühlten Bananenbrote geben und mit zerkleinerten Bananenchips und frischem Thymian garnieren.

Triple-Erdnussbutterkekse

für 6 Personen | ca. 18 Stück

Für die Erdnussbutterkekse

220 g Dinkelmehl Type 630
90 g Kristallzucker
2 TL Kokosblütenzucker
1 Prise Salz
170 g Kokosöl
50 g Erdnussbutter
3 EL Kakaopulver
1 TL Vanilleextrakt

Zum Fertigstellen

1 kleines Glas Himbeer- oder
  Erdbeermarmelade (ca. 150 g)
ca. 100 g dunkle vegane Schokolade, behutsam geschmolzen
ca. 100 g weiße vegane Schokolade, behutsam geschmolzen
2 EL frisch geriebene Bio-Orangen-
  schale

Erdnussbutterkekse

Den Backofen rechtzeitig auf 180 °C (Ober-/Unterhitze) vorheizen. Ein Backblech mit Backpapier auslegen und zur Seite stellen.

Das Dinkelmehl, den Zucker und das Salz in einer Schüssel vermischen. In einer separaten Schüssel das Kokosöl und die Erdnussbutter in der Mikrowelle bei niedrigster Leistung 30 Sekunden erhitzen oder in einem Topf leicht erwärmen, dann zu der Mehlmischung geben. Das Kakaopulver und den Vanilleextrakt zugeben und alles zu einem Teig verkneten.

Aus dem Teig 54 gleich große Kugeln formen und diese auf dem Backblech platzieren. Mit den Händen etwas platt drücken und auf mittlerer Schiene 12–15 Minuten goldbraun backen. Die Cookies auskühlen lassen.

Fertigstellen

Jeweils 3 Erdnussbutterkekse mit 1 TL Lieblingsmarmelade füllen. Die flüssige weiße Schokolade mit der frisch geriebenen Orangenschale verrühren. Die fertig geschichteten Cookies entweder mit dunkler Schokolade oder weißer Orangen-Schokolade überziehen und auf ein Kuchengitter oder auf eine Lage Backpapier setzen, bis die Schokolade fest geworden ist.

Schokokekse mit cremigem Kern

für 3 Personen | 9 Stück

Für die Schokokekse

170 g Dinkelmehl Type 630
65 g Kokosblütenzucker
2 EL Kakaopulver
½ TL Vanilleextrakt
1 TL Flohsamenschalenpulver
1 Prise Salz
50 g Kokosöl
1 TL Agavendicksaft
65 ml Kokosmilch

Für die Creme

120 ml Kokosmilch (aus der Dose),
   über Nacht gekühlt
1 EL Kakaopulver
1 TL Vanilleextrakt
1 TL Agavendicksaft

Für den Überzug

150 g dunkle vegane Schokolade,
   klein gehackt
35 g Kokosöl
4 TL Kakaopulver
2 TL Agavendicksaft
20 g feine Kokosflocken zum
   Garnieren

Schokokekse

Den Backofen auf 180 °C (Ober-/Unterhitze) vorheizen und ein Backblech mit Backpapier auslegen.

In einer Schüssel das Dinkelmehl, den Kokosblütenzucker, das Kakaopulver, den Vanilleextrakt, das Flohsamenschalenpulver und das Salz miteinander vermischen. Anschließend das Kokosöl, den Agavendicksaft und die Kokosmilch hinzugeben und so lange vermischen, bis ein fester Teig entsteht.

Aus dem Teig 18 gleich große längliche Cookies formen und auf dem Backblech platzieren. Anschließend auf mittlerer Schiene 8–12 Minuten backen und komplett auskühlen lassen.

Creme

Die kalte Kokosmilch, das Kakaopulver, den Vanilleextrakt und den Agavendicksaft in einen Hochleistungsmixer füllen und zu einer cremigen Masse mixen.

Je 2 abgekühlte Cookies mit 2 TL Schokoladencreme füllen und zu einem Doppelkeks zusammensetzen. Die Doppelkekse 10 Minuten in den Kühlschrank stellen.

Überzug

Die klein gehackte Schokolade mit dem Kokosöl, dem Kakaopulver und dem Agavendicksaft in eine kleine Schüssel geben und in der Mikrowelle bei niedrigster Leistung 30–45 Sekunden schmelzen lassen. Ersatzweise die Zutaten in eine Metallschüssel geben und über einem heißen Wasserbad behutsam schmelzen.

Die kalten Doppelkekse mit der geschmolzenen Schokolade überziehen und auf einem Kuchengitter aushärten lassen.

Den restlichen Schokoladenüberzug kurz erwärmen. Nach Belieben die Schokoladenkekse nochmals mit Schokolade und Kokosflocken dekorativ überziehen.

Schokocookies mit Erdnussbutterfüllung

Für die Schokocookies

120 g Dinkelmehl Type 630
80 g Mandelmehl
55 g Kokosblütenzucker
30 g Kakaopulver
1 TL Backpulver
1 TL Vanilleextrakt
200 g dunkle vegane Schokolade,
   klein gehackt
45 g Kokosöl
3 EL Mandelmus

Für die Füllung und zum Fertigstellen

50 g cremige Erdnussbutter
3 TL Kokosblütenzucker

Schokocookies

Den Backofen auf 180 °C (Ober-/Unterhitze) vorheizen und ein Backblech mit Backpapier auslegen.

Das Dinkelmehl, das Mandelmehl, den Kokosblütenzucker, das Kakaopulver, das Backpulver und den Vanilleextrakt in eine Schüssel geben und miteinander vermischen. In einer separaten Schüssel die klein gehackte Schokolade, das Kokosöl und das Mandelmus in der Mikrowelle bei niedrigster Leistung 30 Sekunden erhitzen. Ersatzweise die Schokolade über einem warmen Wasserbad behutsam schmelzen. Diese Schokoladenmasse verrühren und davon ca. 50 g für später zur Seite stellen. Den Rest zu der Mehlmischung geben und alles zu einem glatten Teig verrühren.

Füllen und Fertigstellen

Aus dem Teig 12 gleich große Kugeln formen, diese leicht flachdrücken und jeweils 1 TL Erdnussbutter mittig daraufgeben. Dann die Enden fest zusammenfalten, sodass die Erdnussbutterfüllung nicht herausquillt. Die gefüllten Teigkugeln auf dem Backblech verteilen, leicht platt drücken und mit Kokosblütenzucker bestreuen. Das Backblech in die mittlere Schiene des Backofens schieben und die Schokocookies 15 Minuten backen. Anschließend auf einem Kuchengitter abkühlen lassen.

Die restliche Schokoladenmasse (50 g) nochmals behutsam erwärmen. Die Schokocookies je zur Hälfte in die Schokoladenglasur tunken und auf einem Kuchengitter fest werden lassen.

Dazu passt sehr gut ein Glas Mandelmilch.

Mandelcookies mit Kokoseis-Karamell-Füllung

für 3 Personen | 9 Stück

Für die Mandelcookies

120 g Dinkelmehl Type 630
80 g Mandelmehl
55 g Kokosblütenzucker
1 TL Backpulver
1 TL Vanilleextrakt
45 g Kokosöl

Für das Kokoseis

425 ml Kokosmilch (aus der Dose),
  über Nacht gekühlt
3 reife Bananen, geschält
  und gefroren
40 g ungesüßte Kokosflocken
3 TL Kokosblütenzucker
2 große Medjool-Datteln

Für den Schokoladenüberzug

150 g dunkle vegane Schokolade
10 g Kokosöl

Zum Fertigstellen

9 TL hausgemachte Karamellsauce
  (ca. 50 g, siehe Rezept
  »Casheweis mit Karamell und
  Schokocrunch« auf Seite 216)

Mandelcookies

Den Backofen auf 180 °C (Ober-/Unterhitze) vorheizen und ein Backblech mit Backpapier auslegen.

Das Dinkelmehl, das Mandelmehl, den Kokosblütenzucker, das Backpulver und den Vanilleextrakt in eine Schüssel geben und miteinander vermischen. Das Kokosöl in einem Topf behutsam erwärmen, unter die Mehlmischung rühren und alles zu einem glatten Teig verarbeiten.

Aus dem Teig 9 gleich große Kugeln formen, diese auf das Backblech setzen. Dann mit den Händen etwas flach drücken und zu je einem Rechteck formen. Die Kekse auf der mittleren Schiene ca. 15 Minuten goldbraun backen und anschließend auf einem Kuchengitter abkühlen lassen.

Kokoseis

Die kalte Kokosmilch, die gefrorenen Bananenstücke, die Kokosflocken, den Kokosblütenzucker und die Datteln in einen Hochleistungsmixer geben und zu einem cremigen Eis mixen. Das Kokoseis bis zur Verwendung in das Tiefkühlfach stellen.

Schokoladenüberzug

Die dunkle Schokolade klein hacken und mit dem Kokosöl in der Mikrowelle bei niedrigster Leistung 30–45 Sekunden erhitzen. Ersatzweise die Schokolade über einem warmen Wasserbad behutsam schmelzen. Den Schokoladenüberzug mit einem Löffel kurz verrühren.

Fertigstellen

Je 1 TL Karamellsauce auf die Mandelkekse geben. Dann mit je 1 gehäuften EL Kokosmilcheis bedecken und sofort mit der flüssigen Schokolade überziehen. Die gefüllten Mandelkekse kurz in das Tiefkühlfach stellen und den Schokoladenüberzug fest werden lassen, dann sofort genießen.

Schokocookies mit Eis- und Karamellfüllung

für 4 Personen / ca. 12 Stück

Für die Schokocookies

120 g Dinkelmehl Type 630
80 g Mandelmehl oder gemahlene
    Mandelkerne
55 g Kokosblütenzucker
30 g Kakaopulver
1 TL Backpulver
1 TL Vanilleextrakt
45 g Kokosöl
50 g geschmolzene dunkle vegane
    Schokolade

Für die Eisfüllung

120 g Cashewkerne, mindestens
    2 Stunden in 200 ml heißem
    Wasser eingeweicht
80 ml eiskalte Mandelmilch
55 g Kokosblütenzucker
2 EL Kokosöl
1 TL Vanilleextrakt

Zum Fertigstellen

ca. 100 g hausgemachte Karamell-
    sauce (siehe Rezept »Casheweis
    mit Karamell und Schokocruch«
    auf Seite 216)

Schokocookies

Den Backofen auf 180 °C (Ober-/Unterhitze) vorheizen und ein Backblech mit Backpapier auslegen.

Das Dinkelmehl, das Mandelmehl, den Kokosblütenzucker, das Kakaopulver, das Backpulver und den Vanilleextrakt in eine Schüssel geben und vermischen. Dann das Kokosöl und die geschmolzene Schokolade hinzugeben und alles zu einem Teig verrühren.

Aus der Masse 24 gleich große Kugeln formen, diese auf dem Backblech verteilen und mit den Händen flach drücken. Die Schokocookies auf der mittleren Schiene 15 Minuten backen und anschließend vollständig abkühlen lassen.

Eisfüllung

Die eingeweichten Cashewkerne abgießen und in einen Hochleistungsmixer füllen. Die eiskalte Mandelmilch, den Kokosblütenzucker, das Kokosöl und den Vanilleextrakt zugeben und alles zu einer cremigen Masse mixen. Die Eismasse in einen flachen Gefrierbehälter füllen und in das Tiefkühlfach stellen. Ab und zu die Masse mit einem Löffel durchrühren, bis das Eis cremig gefroren ist.

Fertigstellen

Auf die Hälfte der Schokocookies zuerst etwas cremiges Eis und dann je 2 TL Karamellsauce geben. Anschließend die restlichen Schokocookies als Deckel darauflegen. Die gefüllten Schokocookies sofort genießen.

Cashewkekse mit weißer Schokolade

für 4 Personen | 12 Stück

Für die Cashewkekse

125 g Cashewkerne
40 g Kokosblütenzucker
20 g Cashewbutter
4 EL Agavendicksaft
1 TL gemahlene Chiasamen
1 TL Backpulver

Zum Verzieren

100 g weiße vegane Schokolade
2 TL Kokosöl

Cashewkekse

Den Backofen auf 180 °C (Ober-/Unterhitze) vorheizen und ein Backblech mit Backpapier auslegen.

Die Cashewkerne in einen Hochleistungsmixer geben und zu feinem Mehl mahlen. Anschließend in eine Schüssel geben und den Kokosblütenzucker, die Cashewbutter, den Agavendicksaft, die gemahlenen Chiasamen und das Backpulver hinzugeben. Alles zu einem festen Teig verkneten.

Aus dem Teig 12 gleich große Kugeln formen, auf dem Backblech verteilen und leicht flach drücken. Die Kekse auf der mittleren Schiene 10–14 Minuten goldbraun backen und vollständig auskühlen lassen.

Verzieren

Die weiße Schokolade hacken und zusammen mit dem Kokosöl in der Mikrowelle bei niedrigster Leistung 30–60 Sekunden schmelzen. Ersatzweise die Schokolade zusammen mit dem Kokosöl über einem warmen Wasserbad behutsam schmelzen. Die geschmolzene Schokolade mit einem Löffel kurz durchrühren.

Die Cashewkekse mit der flüssigen Schokolade beliebig verzieren.

Quinoa-Schokocookies

für 2-3 Personen | ca. 9 Stück

Für die Cookies

120 g Quinoa
45 g Kokosblütenzucker
40 g Dinkelmehl Type 630
45 ml geschmolzenes Kokosöl
3 EL Kokosmilch
1 TL Vanilleextrakt
1 TL Backpulver
50 g dunkle vegane Schokolade, fein gehackt

Cookies

Den Backofen auf 180°C (Ober-/Unterhitze) vorheizen und ein Backblech mit Backpapier auslegen.

Die Quinoa in einem Hochleistungsmixer zu feinem Mehl mahlen und in eine Schüssel füllen. Den Kokosblütenzucker, das Dinkelmehl, das Kokosöl, die Kokosmilch, den Vanilleextrakt und das Backpulver zugeben und alles zu einem klebrigen Teig vermischen. Die Schokolade unterheben.

Den Teig mithilfe eines Eisportionierers abstechen und gleich große Kugeln mit reichlich Abstand auf das Backblech setzen. Anschließend flach drücken und die Cookies auf der mittleren Schiene 12–15 Minuten goldbraun backen. Die Cookies aus dem Backofen nehmen und auf dem Backblech abkühlen lassen.

Schokomuffins mit Erdnussfüllung

für 6 Personen | 12 Stück

Für den Teig

220 g Dinkelmehl Type 630
50 g brauner Zucker
20 g Kakaopulver
1 TL Vanilleextrakt
1 TL Backpulver
240 ml Kokosmilch
35 g Apfelmus
20 g geschmolzenes Kokosöl

Für die Füllung

220 g ungesalzene Erdnusskerne
80 g rohes Kakaopulver
4 große Medjool-Datteln
60 ml Kokosöl
2 TL Vanilleextrakt

Teig

Den Backofen auf 180 °C (Ober-/Unterhitze) vorheizen und in die Mulden eines Muffinbleches (12er-Form) Papierförmchen setzen.

Das Dinkelmehl, den Zucker, das Kakaopulver, den Vanilleextrakt und das Backpulver in eine Schüssel geben und vermischen. Anschließend die Kokosmilch, das Apfelmus und das Kokosöl unter Rühren hinzugeben und zu einem glatten Teig verrühren.

Füllung

Die Erdnusskerne auf einem Backblech verteilen und im vorgeheizten Backofen bei 180 °C ca. 10 Minuten goldbraun rösten. Die gerösteten Erdnusskerne in einen Hochleistungsmixer geben und noch heiß mit dem Kakaopulver, den vorher entsteinten Datteln, dem Kokosöl und dem Vanilleextrakt zu einer Paste mixen.

Fertigstellen und Backen

Die Hälfte des Schokoladenteiges in die Muffinförmchen füllen, dann je 1–2 gehäufte TL Erdnussfüllung daraufgeben und mit dem restlichen Schokoladenteig bedecken. Das Muffinblech auf die mittlere Schiene des vorgeheizten Backofens schieben und die Muffins bei 180 °C 18–20 Minuten backen. Anschließend abkühlen lassen.

Quinoacups mit Bananen-Dattel-Eis

für 8 Personen | 24 Stück

Für die Quinoacups

Kokosöl zum Einfetten der Formen
130 g Quinoa
75 g Buchweizen
45 g Kokosblütenzucker
20 ml geschmolzenes Kokosöl
2 TL Agavendicksaft
1 TL Vanilleextrakt
1 Prise Salz
260 ml Kokoswasser

Für das Bananen-Dattel-Eis

10 große Medjool-Datteln
4 reife Bananen, geschält und
   gefroren
20 ml Kokosmilch
1 Prise Salz

Quinoacups

Den Backofen auf 180 °C (Ober-/Unterhitze) vorheizen und die Mulden eines Mini-Muffinbleches (24er-Form) mit Kokosöl einfetten.

Die Quinoa und den Buchweizen in einen Hochleistungsmixer geben und in 60 Sekunden zu feinem Mehl mahlen. In einer Schüssel die beiden Mehlsorten sowie den Kokosblütenzucker, das Kokosöl, den Agavendicksaft, den Vanilleextrakt und 1 Prise Salz miteinander vermischen. Das Kokoswasser unter Rühren hinzufügen. Den fertigen Teig in die gefetteten Muffinmulden füllen und auf mittlerer Schiene 12–15 Minuten goldbraun backen. Die Muffins aus der Form lösen und auf einem Kuchengitter abkühlen lassen.

Bananen-Dattel-Eis

Die Datteln entsteinen und in einen Hochleistungsmixer geben. Die gefrorenen Bananen, die Kokosmilch und 1 Prise Salz zugeben und alles zu einem cremigen Eis mixen.

Anrichten

Auf die abgekühlten Quinoacups eine oder nach Belieben mehrere Kugeln Bananen-Dattel-Eis setzen und sofort genießen.

Bananenbrot-Cups mit Cashewcreme

für 8 Personen | 24 Stück

Für die Bananenbrot-Cups

Kokosöl zum Einfetten der Formen
3 reife Bananen
100 g Dinkelmehl Type 630
60 g grobe Haferflocken
40 g Kokosblütenzucker
80 ml Mandelmilch
½ TL Chiasamen
2 TL Backpulver

Für die Cashewcreme

120 g Cashewkerne, mindestens
    2 Stunden in 200 ml heißem
    Wasser eingeweicht
80 ml Mandelmilch
55 g Kokosblütenzucker
2 EL Kokosöl
1 TL Vanilleextrakt

Zum Fertigstellen und Anrichten

12 TL hausgemachte Karamell-
    sauce (ca. 60 g, siehe Rezept
    »Casheweis mit Karamell und
    Schokocrunch« auf Seite 216)
frische Beeren der Saison (z. B.
    Brombeeren, Heidelbeeren)
frisch gehackte Cashewkerne

Bananenbrot-Cups

Den Backofen auf 180 °C (Ober-/Unterhitze) vorheizen und die Mulden eines Mini-Muffinbleches (24er-Form) mit Kokosöl einfetten.

Die Bananen schälen und mit einer Gabel zu Brei zerdrücken. Den Bananenbrei, das Dinkelmehl, die Haferflocken, den Kokosblütenzucker, die Mandelmilch, die Chiasamen und das Backpulver in eine Schüssel geben und zu einem cremigen Teig verrühren. Die Masse abdecken und 20 Minuten quellen lassen.

Den Teig in die gefetteten Muffinformen füllen. Dann mit einem Löffel mittig je eine Mulde hineindrücken und so zu Schälchen formen. Die Bananenbrot-Cups auf der mittleren Schiene 8–12 Minuten goldbraun backen, dann vollständig abkühlen lassen.

Cashewcreme

Die eingeweichten Cashewkerne abgießen und in einen Hochleistungsmixer füllen. Die Mandelmilch, den Kokosblütenzucker, das Kokosöl und den Vanilleextrakt zufügen und alles zu einer Creme mixen. Die Cashewcreme kalt stellen.

Fertigstellen

Die abgekühlten Bananenbrot-Cups mit je 1 TL Karamellsauce füllen und 30 Minuten in den Gefrierschrank stellen. Dann die Karamellschicht mit der Cashewcreme bedecken und weitere 60 Minuten gefrieren. Mit frischen Beeren und fein gehackten Cashewkernen garnieren.

Heidelbeer-Reis-Tartelettes

Mit ihrer unglaublich saftigen Konsistenz und der milden Süße haben diese Küchlein einen hohen Suchtfaktor. Anstatt der Heidelbeeren könnt ihr dafür auch Johannis- oder Himbeeren gut verwenden.

für 4 Personen / 8 Stück

Für die Heidelbeer-Reis-Tartelettes

Kokosöl zum Einfetten
  der Förmchen
155 g Reismehl
110 ml Kokosmilch
45 g Kokosblütenzucker
15 g feine Haferflocken
2 EL zerlassenes Kokosöl
1½ TL Vanilleextrakt
1 TL Flohsamenschalenpulver
1 TL Backpulver
50 g frische Heidelbeeren

Heidelbeer-Reis-Tartelettes

Den Backofen auf 180°C (Ober-/Unterhitze) vorheizen und Tartelette-Förmchen mit Kokosöl einfetten.

In einer Schüssel das Reismehl, die Kokosmilch, den Kokosblütenzucker, die Haferflocken, das Kokosöl, den Vanilleextrakt, das Flohsamenschalenpulver und das Backpulver zu einem glatten Teig verrühren. Die Heidelbeeren waschen und mit einem spitzen Messer einschlitzen. Dann unter den Teig heben und je 2 EL Teig in die eingefetteten Tartelette-Förmchen geben. Die Heidelbeer-Reis-Tartelettes auf mittlerer Schiene 18–20 Minuten goldbraun backen. Anschließend vollständig auskühlen lassen und dann vorsichtig aus den Förmchen lösen.

Erdnussbutterküchlein mit Limetten-Cashewcreme

für 4 Personen | ca. 8 Stück

Für die Erdnussbutterküchlein

Kokosöl zum Einfetten
   der Förmchen
240 g Dinkelmehl Type 630
1 TL Backpulver
65 g weißer Kristallzucker
55 g geschmolzenes Kokosöl
3 EL Erdnussbutter
100 ml Mandelmilch
1 TL Vanilleextrakt
1 TL Zimtpulver
½ TL Ingwerpulver

Für die Limetten-Cashewcreme

240 g Cashewkerne, mindestens
   2 Stunden in 400 ml heißem
   Wasser eingeweicht
240 ml Kokoswasser
Saft von 2 Limetten
60 g Kokosblütenzucker

Zum Anrichten

fein geschnittene Bio-Limetten-
   spalten, nach Belieben
Kokosblütenzucker zum Bestreuen

Erdnussbutterküchlein

Den Backofen auf 180 °C (Ober-/Unterhitze) vorheizen und 8–10 Tarte-lette-Förmchen mit Kokosöl einfetten.

In einer Schüssel das Dinkelmehl, das Backpulver und den Kristallzucker vermischen. Anschließend das Kokosöl, die Erdnussbutter und die Milch in einer separaten Schüssel glatt rühren, dann unter das Mehlgemisch rühren. Den Teig mit Vanilleextrakt, Zimt- und Ingwerpulver abschmecken.

Den Teig in die gefetteten Förmchen füllen und auf mittlerer Schiene 15 Minuten goldbraun backen. Die Erdnussbutterküchlein aus den Formen lösen und vollständig abkühlen lassen.

Limetten-Cashewcreme

Die eingeweichten Cashewkerne abgießen und in einen Hochleistungsmixer geben. Das Kokoswasser, den frisch gepressten Limettensaft und den Kokosblütenzucker zugeben und alles zu einer cremigen Masse mixen.

Anrichten

Die Limetten-Cashewcreme auf die abgekühlten Erdnussbutterküchlein geben und mit je 1 Limettenspalte und etwas Kokosblütenzucker garnieren.

Schoko-Hafer-Muffins mit Cookietopping

für 8 Personen | 24 Stück

Für die Schoko-Hafer-Muffins

Kokosöl zum Einfetten der Formen
120 g fein gemahlene Haferflocken
45 g Kakaopulver
40 g Kokosblütenzucker
1 TL Backpulver
1 TL Vanilleextrakt
½ TL Zimtpulver
½ TL gemahlene Gewürznelken
120 ml Kokos-Reis-Milch
3 EL Agavendicksaft
2 TL Erdnussbutter

Für das Cookietopping

160 g fein gemahlene Haferflocken
120 ml Hafermilch
3 EL Erdnussbutter
2 TL Kokosöl
1 TL Backpulver
1 TL Zimtpulver
½ TL Vanilleextrakt
50 g dunkle vegane Schokolade

Schoko-Hafer-Muffins

Den Backofen auf 180 °C (Ober-/Unterhitze) vorheizen. Ein Mini-Muffinblech (24er-Form) mit Kokosöl einfetten und beiseitestellen.

Das Hafermehl, das Kakaopulver, den Kokosblütenzucker, das Backpulver, den Vanilleextrakt, das Zimt- und das Gewürznelkenpulver zugeben und vermischen. Die Kokos-Reis-Milch, den Agavendicksaft und die Erdnussbutter zugeben und alles zu einem glatten Teig verrühren. Den Muffinteig beiseitestellen.

Cookietopping

Das Hafermehl, die Hafermilch, die Erdnussbutter, das Kokosöl, das Backpulver, das Zimtpulver und den Vanilleextrakt in eine Schüssel geben und alles zu einem festen Teig vermengen. Die Schokolade in kleine Stücke hacken und unter den Teig mengen. Den Cookieteig beiseitestellen.

Fertigstellen und Backen

Zuerst je 1 TL Muffinteig in die gefetteten Muffinformen füllen. Den Cookieteig in gleich große Stücke teilen und diese mit den Händen zu Kugeln formen. Je 1 Teigkugel leicht flach drücken und in die Formen auf den Muffinteig setzen, sodass beide Teige gut miteinander verbunden sind.

Das Muffinblech in den vorgeheizten Backofen schieben und die Muffins auf der mittleren Schiene 18–20 Minuten goldbraun backen. Die Schoko-Hafer-Muffins vollständig abkühlen lassen und anschließend aus den Formen lösen.

Quinoa-Bananen-Muffins

für 8 Personen | 24 Stück

Für die Muffins

Kokosöl zum Einfetten der Formen
60 g Quinoa
100 g Dinkelmehl Type 630
40 g Kokosblütenzucker
4 reife Bananen
100 ml Kokosmilch
10 g Erdnussbutter
2 TL Agavendicksaft
½ TL Chiasamen
2 TL Backpulver

Muffins

Den Backofen auf 180 °C (Ober-/Unterhitze) vorheizen. Ein Mini-Muffin-blech (24er-Form) mit Kokosöl einfetten.

Die Quinoa in einen Hochleistungsmixer geben und zu feinem Mehl mahlen. Das Quinoamehl, das Dinkelmehl und den Kokosblütenzucker in eine Schüssel geben und vermischen. 3 Bananen schälen und mit der Gabel zu Brei zerdrücken, diesen unter die Mehlmischung mengen. Die Kokosmilch, die Erdnussbutter, den Agavendicksaft, die Chiasamen und das Backpulver dazugeben und alles zu einem klebrigen Teig vermischen. Den Teig in die gefetteten Muffinförmchen füllen. Die restliche Banane schälen und in Scheiben schneiden. Je 1 Bananenscheibe auf jeden Muf-fin setzen und andrücken. Die Muffins auf der mittleren Schiene 15 Minu-ten goldbraun backen. Dann aus den Formen lösen und abkühlen lassen.

Himbeer-Bananenbrot

für 4 Personen

Für das Himbeer-Bananenbrot

Kokosöl zum Einfetten der Form
3 reife Bananen
120 g Dinkelmehl Type 630
80 g feine Haferflocken
40 g Kokosblütenzucker
2 TL Backpulver
120 ml Kokosmilch
2 TL Agavendicksaft
½ TL Zimtpulver
½ TL Flohsamenschalenpulver
1 Prise Salz
80 g frische oder gefrorene
    Himbeeren

Zum Anrichten

Sultaninen-Mandelbutter zum
Bestreichen (siehe Rezept auf
Seite 251)

Himbeer-Bananenbrot

Den Backofen auf 180 °C (Ober-/Unterhitze) vorheizen und eine kleine Kastenform (ca. 20 cm lang) mit Kokosöl einfetten.

Die Bananen schälen und mit einer Gabel zu Brei zerdrücken. Das Dinkelmehl, die Haferflocken, den Kokosblütenzucker und das Backpulver in einer Schüssel vermischen. Den Bananenbrei, die Kokosmilch, den Agavendicksaft, das Zimtpulver, das Flohsamenschalenpulver und das Salz zugeben und alles zu einem cremigen Teig verrühren. Die frischen oder die gefrorenen Himbeeren mit einem Löffel unterheben. Den Teig zugedeckt 20 Minuten quellen lassen

Danach den Teig in die gefettete Kastenform füllen und auf der mittleren Schiene 20–25 Minuten goldbraun backen. Das Himbeer-Bananenbrot aus dem Backofen nehmen und vollständig abkühlen lassen, dann aus der Form stürzen.

Anrichten

Das Himbeer-Bananenbrot in fingerdicke Scheiben schneiden und nach Belieben mit Sultaninen-Mandelbutter (S. 251) bestreichen.

Vanille-Espresso-Eisriegel

für 3-4 Personen | 9-12 Stück

Für den Boden

110 g Mandelkerne
80 g Kokosflocken
3 TL Kokosmehl
2 TL rohes Kakaopulver
½ TL Salz
4 große Medjool-Datteln
1 TL Wasser

Für die Vanilleschicht

120 g Cashewkerne, mindestens
   2 Stunden in 200 ml heißem
   Wasser eingeweicht
80 ml Kokosmilch
40 ml Agavendicksaft
1 TL Vanilleextrakt
30 g Kokosöl

Für die Espressoschicht

140 g Cashewkerne, mindestens
   6 Stunden in 280 ml Wasser
   eingeweicht
30 ml Espresso oder starker Kaffee
60 ml Mandelmilch
55 ml Agavendicksaft
1 TL Vanilleextrakt
25 g Kokosöl

Zum Anrichten

1 EL gehobelte Mandelkerne

Boden

Die Mandelkerne, die Kokosflocken, das Kokosmehl, das Kakaopulver und das Salz in einen Hochleistungsmixer füllen und mixen. Die Datteln entsteinen, zubeben und alles mit dem Wasser zu einer festen Paste mixen. Die Mandel-Kokos-Paste in eine mit Frischhaltefolie ausgelegte kleine Kastenform geben und glatt drücken. Die Kastenform in den Gefrierschrank stellen.

Vanilleschicht

Die eingeweichten Cashewkerne abgießen und in einen Hochleistungsmixer füllen. Die Kokosmilch, den Agavendicksaft, den Vanilleextrakt und das Kokosöl zugeben und alles cremig pürieren. Die Vanillecreme auf den gefrorenen Boden gießen und glatt streichen. Die Kastenform weitere 3 Stunden in den Gefrierschrank stellen.

Espressoschicht

Die eingeweichten Cashewkerne abgießen und in einen Hochleistungsmixer füllen. Den Espresso, die Mandelmilch, den Agavendicksaft, den Vanilleextrakt und das Kokosöl zugeben und alles cremig pürieren. Die Espressocreme auf die gefrorene Vanilleschicht gießen und glatt streichen. Die Kastenform zurück in den Gefrierschrank stellen und mindestens 4 Stunden gefrieren lassen.

Anrichten

Die Kastenform aus dem Gefrierschrank nehmen und 10–15 Minuten beiseitestellen. Dann das Eis aus der Form nehmen, die Frischhaltefolie abziehen und in gleich große Stücke schneiden. Mit gehobelten Mandelkernen garnieren und sofort genießen.

Halbgefrorene Cashewstücke

für 3-4 Personen | 6-8 Stück

Für die Cashewstücke

120 g Cashewkerne, mindestens
  2 Stunden in 200 ml heißem
  Wasser eingeweicht
55 g geschmolzene Kakaobutter
3 TL Cashewbutter
20 ml Agavendicksaft
1 TL Vanilleextrakt
4 große Medjool-Datteln
60 g Cashewbutter
20 g geschmolzenes Kokosöl
1–2 TL Wasser

Zum Fertigstellen

100 g geschmolzene dunkle
  vegane Schokolade

Cashewstücke

Die eingeweichten Cashewkerne abgießen und in einen Hochleistungsmixer füllen. Die geschmolzene Kakaobutter, die Cashewbutter, den Agavendicksaft und den Vanilleextrakt zugeben und alles zu einer cremigen Masse mixen. Die Cashewcreme in eine kleine mit Frischhaltefolie ausgekleidete Kastenform füllen und 2 Stunden in den Gefrierschrank stellen.

Die Datteln entsteinen und gemeinsam mit der Cashewbutter, dem Kokosöl und dem Wasser in einen Hochleistungsmixer geben, und alles fein mixen. Diese Masse auf die gefrorene Cashewcreme streichen und 1 weitere Stunde gefrieren lassen.

Fertigstellen

Die gefrorene Cashewmasse aus dem Gefrierschrank nehmen, auf ein Brett stürzen und 10 Minuten antauen lassen. Die Frischhaltefolie abziehen und den Block in 6–8 Stücke schneiden. Die Cashewstücke mit der geschmolzenen Schokolade überziehen, auf eine Lage Backpapier setzen und 5 Minuten in den Gefrierschrank stellen, bis die Schokolade fest ist. Anschließend genießen.

Halbgefrorerner Acai-Matcha-Kuchen

für 3-4 Personen | 6-8 Stück

Für den Boden

120 g Walnusskerne
80 g Haferflocken
80 g Kokosflocken
8 große Medjool-Datteln

Für die Acaischicht

3 reife Bananen
160 g Weiß- oder Spitzkohl
110 g Erdbeeren
55 g Heidelbeeren
50 g Cashewkerne
2 TL Acaipulver
1 TL Vanilleextrakt
180 ml Kokoswasser

Für die Matchaschicht

2 ½ reife Bananen
4 Stangen Staudensellerie
45 g frische Spinatblätter
40 g Cashewkerne
220 ml Kokoswasser
1 TL Kokosblütenzucker
1 TL Ingwerpulver
1 TL Kurkumapulver
1 TL Matchapulver
Saft von 1 Limette

Boden

Die Walnusskerne, die Haferflocken und die Kokosflocken in einen Hochleistungsmixer füllen und zu feinem Mehl mahlen. Dann die Medjool-Datteln entsteinen, zugeben und gut durchmixen. Die Masse in eine mit Frischhaltefolie ausgekleidete Kastenform geben und gleichmäßig festdrücken. Die Kastenform 10 Minuten in den Kühlschrank stellen.

Acaischicht

Die Bananen schälen, halbieren und in einen Hochleistungsmixer füllen. Den Kohl, die Erdbeeren, die Heidelbeeren, die Cashewkerne, das Acaipulver, den Vanilleextrakt und das Kokoswasser zugeben und alles zu einem cremigen Smoothie mixen. Den Acaismoothie beiseitestellen.

Matchaschicht

Die Bananen schälen, halbieren und in einen Hochleistungsmixer füllen. Den Staudensellerie putzen, halbieren und ebenfalls zugeben. Die Spinatblätter, die Cashewkerne, das Kokoswasser, den Kokosblütenzucker, das Ingwerpulver, das Kurkumapulver, das Matchapulver und den frisch gepressten Limettensaft zugeben. Alles zusammen zu einem cremigen Smoothie mixen. Den Matchasmoothie beiseitestellen.

Fertigstellen und Anrichten

Den kalten Boden aus dem Kühlschrank nehmen. Dann den Acai- und den Matchasmoothie abwechselnd in die Kastenform gießen und leicht miteinander mischen, sodass eine schöne Marmorierung entsteht. Die Kastenform 3–4 Stunden in den Gefrierschrank stellen. Den Acai-Matcha-Kuchen auf ein Brett legen und 15 Minuten antauen lassen. Dann die Frischhaltefolie abziehen, in 6–8 Stücke schneiden und genießen.

Casheweis am Stiel

für 4-8 Personen | 8 Stück

Für das Eis

120 g Cashewkerne, mindestens
   2 Stunden in 200 ml heißem
   Wasser eingeweicht
180 ml Kokoswasser
80 g Kokosflocken
35 g Cashewmus
30 g Agavendicksaft
1 Vanilleschote oder 2 TL
   Vanilleextrakt

Casheweis

Die eingeweichten Cashewkerne abgießen und in einen Hochleistungsmixer füllen. Das Kokoswasser, die Kokosflocken, das Cashewmus und
den Agavendicksaft zugeben. Die Vanilleschote längs aufschlitzen, dann
mit einem spitzen Messer das Vanillemark herauskratzen und ebenfalls zugeben. Alles zusammen zu einer cremisgen Masse mixen und in 8 kleine
Stieleisformen aus Silikon füllen. Je ein kleines, flaches Holzstäbchen als
Stiel hineinstecken und mindestens 4 Stunden im Gefrierschrank gefrieren
lassen.

Casheweis mit Karamell und Schokocrunch

für 3-4 Personen | 6-8 Stück

Für das Eis

120 g Cashewkerne, mindestens
 2 Stunden in 200 ml heißem
 Wasser eingeweicht
190 ml Kokosmilch
45 g Kokosblütenzucker
2 EL Agavendicksaft
2 TL Kokosmus

Für die Karamellsauce

150 g brauner Zucker
120 g vegane Sahne
70 g vegane Margarine

Für den Crunch

1 TL Kokosöl
60 g getrocknete Buchweizen-
 keimlinge
20 g Kokosblütenzucker

Für den Schokoladenüberzug

350 g dunkle vegane Schokolade
10 g Kokosöl

Eis

Die eingeweichten Cashewkerne abgießen und in einen Hochleistungsmixer füllen. Die Kokosmilch, den Kokosblütenzucker, den Agavendicksaft und das Kokosmus zugeben und alles zusammen zu einer cremigen Masse mixen. Die Eismasse in 6–8 kleine Stieleisformen aus Silikon füllen. Je ein kleines, flaches Holzstäbchen als Stiel hineinstecken und mindestens 4 Stunden im Gefrierschrank gefrieren lassen.

Karamellsauce

Den braunen Zucker in einen Topf streuen und karamellisieren, dann die Hitze reduzieren und mit der Sahne ablöschen. Die Margarine zugeben. Den Topf von der Herdplatte nehmen und die Karamellsauce 2 Minuten rühren, bis sie dickflüssig und fester wird. Die Sauce beiseitestellen.

Crunch

Das Kokosöl in einer Pfanne erhitzen. Den Buchweizen und den Kokosblütenzucker hinzugeben und alles zusammen ca. 5 Minuten unter Rühren karamellisieren lassen. Den gesamten Pfanneninhalt auf eine Lage Backpapier geben und komplett auskühlen lassen. Anschließend mit den Händen in kleine Stücke brechen. Den Buchweizencrunch beiseitestellen.

Schokoladenüberzug

Das gefrorene Eis aus den Formen lösen und in die Karamellsauce tunken. Dann zurück in die Formen setzen und 20 Minuten in den Gefrierschrank stellen. Währenddessen die Schokolade hacken und zusammen mit dem Kokosöl in der Mikrowelle bei niedrigster Leistung ca. 1 Minute schmelzen lassen. Ersatzweise die gehackte Schokolade gemeinsam mit dem Kokosöl über einem heißen Wasserbad behutsam schmelzen. Den Schokoladenüberzug mit einem Gummispatel einmal gut durchrühren. Das Eis erneut aus den Formen lösen und in den Schokoladenüberzug tunken. Dann sofort mit Buchweizencrunch bestreuen und kurz in den Gefrierschrank legen, bis die Schokolade fest ist. Dann herausnehmen, mit einer zweiten Schicht Schokolade überziehen und 20 Minuten im Gefrierschrank fest werden lassen. Anschließend genießen.

Mango-Ingwer-Eis

für 3-4 Personen | 6-8 Stück

Für das Eis

2 frische Mangos
1 reife Banane
4 Orangen
1 Limette
25 g frischer Ingwer
50 ml Kokosmilch
½ TL Zimtpulver
½ TL Kurkumapulver

Zum Anrichten

2 Passionsfrüchte

Eis

Die Mangos schälen, den Stein herausschneiden und das Fruchtfleisch würfeln. Die Banane schälen und halbieren. Die Orangen und die Limette mit einem Messer großzügig schälen, dabei die weißen Hautbestandteile so gut wie möglich abschneiden. Den Ingwer schälen und klein schneiden. Das Obst, den Ingwer, die Kokosmilch, das Zimtpulver und das Kurkumapulver in einen Hochleistungsmixer geben und cremig pürieren. Das Püree in 6–8 kleine Stieleisformen aus Silikon füllen. Je ein kleines, flaches Holzstäbchen oder Zimtstangen als Stiel hineinstecken und mindestens 2 Stunden im Gefrierschrank gefrieren lassen.

Anrichten

Das Mango-Ingwer-Eis aus den Formen lösen. Die Passionsfrüchte halbieren, das Fruchtfleisch samt den Kernen herauslöffeln und damit das Eis garnieren. Dann sofort genießen.

Halbgefrorener Hanf-Minze-Käsekuchen

für 3-5 Personen | ca. 6 Stück

Für den Boden

120 g feine Haferflocken
90 g Kokosflocken
35 g Hanfmehl
4 große Medjool-Datteln
50 getrocknete Maulbeeren
45 ml Agavendicksaft
2 TL Vanilleextrakt

Für das Topping

120 g Cashewkerne, mindestens
   2 Stunden in 200 ml heißem
   Wasser eingeweicht
240 ml Cashewmilch
10 g frische Minzeblätter
40 ml Agavendicksaft
2 TL Vanilleextrakt
2 TL Spirulina-Algenpulver
40 g Kakaonibs
30 g getrocknete Maulbeeren
2 EL geschälte Hanfsamen

Boden

Die Haferflocken und die Kokosflocken in einem Hochleistungsmixer zu grobem Mehl mahlen. Das Hanfmehl, die zuvor entsteinten Datteln, die Maulbeeren, den Agavendicksaft und den Vanilleextrakt zugeben und alles zu einem festen Teig mixen. Den Teig in eine mit Frischhaltefolie ausgekleidete Kastenform geben und gleichmäßig festdrücken. Die Kastenform in den Gefrierschrank stellen.

Topping

Die eingeweichten Cashewkerne abgießen und in einen Hochleistungsmixer füllen. Die Cashewmilch, die Minze, den Agavendicksaft, den Vanilleextrakt und das Spirulina-Algenpulver zugeben und alles zu einer cremigen Masse mixen. Die Creme auf den gekühlten Boden in die Kastenform gießen und glatt streichen.

Dann mit Kakaonibs, getrockneten Maulbeeren und geschälten Hanfsamen bestreuen. Die Kastenform mindestens 4 Stunden in den Gefrierschrank stellen.

Anrichten

Den gefrorenen Hanf-Minze-Käsekuchen aus dem Gefrierschrank nehmen und 10 Minuten antauen lassen. Dann die Frischhaltefolie entfernen und in längliche Riegel schneiden. Sofort genießen.

Erdnussbuttereis am Stiel

für 4 Personen | 4 Stück

Für das Erdnussbuttereis

120 g Cashewkerne, mindestens
  2 Stunden in 200 ml heißem
  Wasser eingeweicht
1 reife Banane
5 große Medjool-Datteln
45 ml Kokoswasser
50 ml Kokosmilch
90 g Erdnussbutter
50 g Kokosblütenzucker
25 g geschmolzenes Kokosöl

Für den Schokoüberzug

250 g dunkle vegane Schokolade
2 TL Kokosöl
2 TL grobes Himalaya-Salz
  zum Bestreuen

Erdnussbuttereis

Die eingeweichten Cashewkerne abgießen. Die Banane schälen und mit einer Gabel zerdrücken. Den Bananen-Brei, die abgetropfen Cashewkerne, die zuvor entsteinten Datteln, das Kokoswasser, die Kokosmilch, die Erdnussbutter, den Kokosblütenzucker und das geschmolzene Kokosöl in einen Hochleistungsmixer füllen und alles fein pürieren.

Die süße Erdnussbutter in 4 kleine Herz-Stieleisformen aus Silikon füllen. Je ein kleines, flaches Holzstäbchen als Stiel hineinstecken und mindestens 3 Stunden im Gefrierschrank gefrieren lassen.

Schokoüberzug

Die Schokolade hacken und zusammen mit dem Kokosöl in der Mikrowelle bei niedrigster Leistung ca. 30 Minuten schmelzen. Ersatzweise die Schokolade mit dem Kokosöl über einem heißen Wasserbad behutsam schmelzen. Den Schokoladenüberzug kurz mit einer Gummispatel durchrühren. Dann die gefrorene Erdnussbutter aus den Formen lösen und in den Schokoladenüberzug tauchen. Anschließend mit Himalaya-Salz bestreuen und sofort genießen.

Energy Kicks

POWERSNACKS
FÜR ZWISCHENDURCH

Ich bin eine Freundin der unkomplizierten Küche und die allermeisten der in diesem Buch versammelten Rezepte sind ziemlich schnelle Nummern. Wenn ich einen fixen Energieschub brauche, mixe ich mir gern einen Smoothie (Inspiration dazu findet ihr im ersten Kapitel dieses Buches) oder ich greife zu einem der folgenden Powersnacks.

———

Meine Energy Kicks sind entweder im Handumdrehen zubereitet oder lassen sich (wie etwa das salzige Müsli auf Seite 248) gut auf Vorrat herstellen.

Buchweizen-Kokos-Kugeln

So viel Gutes aus der Kokosnuss: Diese Snack-Kügelchen versetzen mich sofort in ein tropisches Urlaubsfeeling! Sie lassen sich in einer luftdicht verschlossenen Dose problemlos ein bis zwei Wochen aufbewahren und schmecken pur ebenso gut wie zum Frühstücksmüsli.

für 4-6 Personen | ca. 20-30 Stück

Für die Buchweizen-Kokos-Kugeln

130 g Buchweizen
80 g Kokosflocken
4 große Medjool-Datteln
10 g Kokosblütenzucker
25 ml Kokosöl
3 EL Kokosmilch
1 TL Vanilleextrakt
1 TL Zimtpulver

Zum Anrichten

200–250 ml kalte Kokosmilch
   (optional)

Buchweizen-Kokos-Kugeln

Den Buchweizen und die Kokosflocken in einen Hochleistungsmixer geben und zu feinem Mehl mahlen. Dann die zuvor entsteinten Datteln, den Kokosblütenzucker, das Kokosöl, die Kokosmilch, den Vanilleextrakt und das Zimtpulver zugeben und alles zu einer festen Masse mixen. Aus dem Teig etwa 20–30 haselnussgroße Kugeln formen.

Anrichten

Die Buchweizen-Kokos-Kugeln entweder sofort pur genießen oder in 2 Schalen füllen und mit kalter Kokosmilch übergießen. Dann genussvoll auslöffeln.

Cashew-Kokos-Kugeln

Ihr seht: Ich liebe Kokos wirklich sehr. Hier also noch eine weitere Kokoskugel-Variante, diesmal mit einer etwas nussigeren Note.

für 3-4 Personen | ca. 20 Stück

Für die Cashew-Kokos-Kugeln

60 g Cashewkerne
60 ml Kokosmilch
40 ml geschmolzenes Kokosöl
35 g Kokosblütenzucker
2 TL Agavendicksaft
1 TL Vanilleextrakt

Zum Fertigstellen

20–30 g Haselnusskerne
25 g Mandelmehl
20 g feine Kokosflocken

Cashew-Kokos-Kugeln

Die Cashewkerne, die Kokosmilch, das geschmolzene Kokosöl, den Kokosblütenzucker, den Agavendicksaft und den Vanilleextrakt in einen Hochleistungsmixer füllen und alles zu einer festen Masse mixen. Die Teigmasse in eine Schüssel füllen und 20 Minuten in den Kühlschrank stellen, bis sie fest wird.

Fertigstellen

Aus der gekühlten Teigmasse ca. 20 kleine mundgerechte Kugeln formen. In jede Kugel einen Haselnusskern hineindrücken und wieder gut verschließen. Das Mandelmehl und die Kokosflocken in einer kleinen Schüssel vermischen und die Cashew-Kokos-Kugeln darin wälzen. Die Cashew-Kokos-Kugeln kurz kalt stellen oder sofort genießen.

Kochbananentaler mit Cashewcreme und Feigenmarmelade

für 4 Personen | ca. 12 Stück

Für die Kochbanenentaler

1 reife Kochbanane (ca. 185 g)
80 g grobe Haferflocken
3 EL Kokosblütenzucker
1 TL Vanilleextrakt
1 TL Salz
1 TL Kokosöl

Für die Cashewcreme

120 g Cashewkerne, mindestens
  2 Stunden in 200 ml heißem
  Wasser eingeweicht
75 g Kokosflocken
55 g Kokosblütenzucker
30 g Kokosmus
2 TL Vanilleextrakt
1 TL Ingwerpulver
1 TL Salz

Für die Feigenmarmelade

120 g frische Feigen
4 EL Chiasamen
2 TL Agavendicksaft
1 TL Zimtpulver

Anrichten

3 EL frische Granatapfelkerne,
  nach Belieben
1 Passionsfrucht, nach Belieben

Kochbananentaler

Den Backofen auf 180 °C (Ober-/Unterhitze) vorheizen und ein Backblech mit Backpapier auslegen.

Die Kochbanane schälen, in eine Schüssel geben und mit einer Gabel zu Brei zerdrücken. Die Haferflocken, den Kokosblütenzucker, den Vanilleextrakt, das Salz und das Kokosöl hinzugeben und zu einem festen Teig vermengen. Mit einem Eisportionierer gleich große Kugeln auf das Backblech setzen und mit den Händen flach drücken. Die Taler auf der mittleren Schiene 8–10 Minuten goldbraun backen. Anschließend auf einem Kuchengitter abkühlen lassen.

Cashewcreme

Die eingeweichten Cashewkerne abgießen und in einen Hochleistungsmixer geben. Die Kokosflocken, den Kokosblütenzucker, das Kokosmus, den Vanilleextrakt, das Ingwerpulver und das Salz zugeben und alles cremig mixen. Die Creme bis zum Anrichten kalt stellen.

Feigenmarmelade

Die Haut von den Feigen abziehen und in einen Mixer geben. Die Chiasamen, den Agavendicksaft und das Zimtpulver zugeben und cremig mixen. Die Feigenmarmelade in ein Glas füllen und 10 Minuten quellen lassen.

Anrichten

Auf die abgekühlten Kochbananentaler etwas Feigenmarmelade und Cashewcreme geben. Nach Belieben mit frischen Granatapfelkernen und ausgelöffeltem Passionsfruchtfleisch garnieren, und sofort genießen.

Tipp

Cashewcreme und Feigenmarmelade lassen sich gut vorbereiten und einige Tage im Kühlschrank aufbewahren. Die Kochbanentaler schmecken aber auch pur oder mit einem Klecks Sojaquark und/oder einem fertig gekauften Fruchtaufstrich lecker.

Rote-Bete-Riegel

Für die Rote-Bete-Riegel

1 kleine vorgegarte Rote Bete
4 große Medjool-Datteln
35 ml Kokosmilch
1 TL Vanilleextrakt
2 TL Agavendicksaft
140 g Soja Crispies
60 g Cashewbutter

Zum Fertigstellen

50 g geschmolzene weiße
  vegane Schokolade
10 g geschälte Hanfsamen
1 EL getrocknete essbare Blüten,
  nach Belieben

Rote-Bete-Riegel

Die Rote Bete, die zuvor entsteinten Datteln, die Kokosmilch, den Vanille-extrakt und den Agavendicksaft in einen Hochleistungsmixer geben und alles gut durchmixen. Die Masse in eine Schüssel füllen. Die Soja Crispies und die Cashewbutter zugeben und alles gut vermengen. Eine kleine Auf-laufform mit Frischhaltefolie auskleiden. Die Masse einfüllen, glatt strei-chen und mindestens 1 Stunde in den Gefrierschrank stellen.

Fertigstellen

Die gefrorene Rote-Bete-Cashewbutter-Masse auf die Arbeitsfläche stür-zen, die Frischhaltefolie abziehen und in gleich große, breite Riegel schnei-den. Die Riegel mit geschmolzener Schokolade bestreichen und sofort mit geschälten Hanfsamen bestreuen. Nach Belieben mit essbaren Blüten gar-nieren und sofort genießen.

Drachenfrucht Bliss Balls

Sie halten, was ihr Name verspricht: Die Bliss Balls auf den folgenden Seiten machen glücklich und stecken voll leckerer Powerzutaten.

für 2–4 Personen | ca. 15 Stück

Für die Bliss Balls

4 große Medjool-Datteln
50 g getrocknete Pitaya (Drachenfrucht)
245 ml heißes Wasser zum Einweichen
130 g Kokosflocken
80 g Haferflocken
3 TL Kokosöl
45 g Kokosblütenzucker
3 EL gefriergetrocknetes Drachenfruchtpulver zum Wälzen

Bliss Balls

Die Datteln halbieren, entsteinen und in 115 ml heißem Wasser einweichen. Die getrocknete Pitaya ebenfalls in 130 ml Wasser einweichen. Nach 8–12 Minuten die eingeweichte Pitaya und die eingeweichten Datteln abgießen und beiseitestellen.

Die Kokosflocken und die Haferflocken in einem Hochleistungsmixer zu feinem Mehl mahlen. Die Mehlmischung in eine Schüssel füllen und beiseitestellen. Die eingeweichten Datteln, die eingeweichte Pitaya, das Kokosöl und den Kokosblütenzucker in den Hochleistungsmixer geben und zu einer cremigen Masse pürieren. Die Fruchtmasse zu der Mehlmischung geben, gut vermengen und daraus mundgerechte Kugeln formen. Die Bliss Balls in dem Drachenfruchtpulver wälzen und entweder sofort genießen oder kalt stellen.

Heidelbeeren Bliss Balls

für 2-4 Personen | 15-18 Stück

Für die Bliss Balls

70 g Kokosflocken
4 große Medjool-Datteln
60 g getrocknete Heidelbeeren
185 g Mandelmehl
3 EL Kokosblütensirup
25 g Kokosblütenzucker
1 TL Vanilleextrakt
1 TL Zimtpulver

Bliss Balls

Die Kokosflocken, die zuvor entsteinten Datteln, die getrockneten Heidelbeeren und das Mandelmehl in einen Hochleistungsmixer geben und 30 Sekunden grob mixen. Dann den Kokosblütensirup, den Kokosblütenzucker, den Vanilleextrakt und das Zimtpulver zugeben und kurz durchmixen. Aus der Masse mundgerechte Kugeln formen. 20 Minuten kalt stellen und dann genießen.

Papaya Bliss Balls mit gerösteten Kokosflocken

für 2-4 Personen | 12-15 Stück

Für die gerösteten Kokosflocken

130 g Kokosflocken
30 g Kokosblütenzucker
2 TL geschmolzenes Kokosöl

Für die Bliss Balls

4 große Medjool-Datteln
250 ml heißes Wasser zum
 Einweichen
80 g getrocknete Papayastücke
180 g Haferflocken
70 g geröstete Kokosflocken
 (siehe Teilrezept)
2 TL Agavendicksaft

Geröstete Kokosflocken

Den Backofen auf 180 °C (Ober-/Unterhitze) vorheizen und ein Backblech mit Backpapier auslegen.

Die Kokosflocken und den Kokosblütenzucker in eine Schüssel geben und vermischen. Das Kokosöl darüber träufeln und alles gut vermengen. Die Kokosmischung großflächig auf dem Backblech verteilen und auf der mittleren Schiene 5–8 Minuten goldbraun rösten. Die gerösteten Kokosflocken vom Blech nehmen und abkühlen lassen.

Bliss Balls

Die Datteln halbieren, entsteinen und in 110 ml heißem Wasser einweichen. Die getrockneten Papayastücke in 140 ml heißem Wasser einweichen. Die Datteln und die Papayastücke nach 20 Minuten abgießen und beiseitestellen.

Die Haferflocken, 70 g geröstete Kokosflocken, die eingeweichten Medjool-Datteln und die eingeweichten Papayastücke in einen Hochleistungsmixer geben und zu einem festen Teig mixen. Dann mit dem Agavendicksaft abschmecken und zu mundgerechten Kugeln formen. Die Bliss Balls mit den restlichen gerösteten Kokosflocken bestreuen und sofort genießen.

Regenbogen-Früchteteller

Zugegebenermaßen, ein richtiges Rezept ist das nicht. Dieser Früchteteller ist aber so hübsch anzusehen, dass ich ihn euch nicht vorenthalten will. Der Mangoigel gelingt mit etwas Übung übrigens in Sekundenschnelle!

für 2-4 Personen

Für den Früchteteller

1 Mango
2 Nektarinen
1 Papaya
2 unbehandelte Orangen
5 frische Feigen
70 g frische Weintrauben
125 g frische Heidelbeeren
125 g frische Himbeeren
70 g frische Erdbeeren

Früchteteller

Die Mango auf beiden Seiten entlang des Steins durchschneiden. Die beiden Mangohälften nun quer und längs mit einem spitzen Messer ins Fruchtfleisch ritzen, sodass ein Gitter entsteht. Wichtig: Nicht die Haut der Mango einschneiden. Anschließend die eingeritzten Mangohälften vorsichtig umstülpen, damit die entstandenen Fruchtwürfel wie die Stacheln eines Igels herausstehen. Die Nektarinen halbieren, den Stein herausnehmen und in dicke Spalten schneiden. Die Papaya schälen, entkernen und in dicke Spalten schneiden. Die Orangen nach Belieben samt der Schale in Viertel oder Achtel schneiden. Die Feigen halbieren oder vierteln.

Anrichten

Die beiden Mangoigel auf eine große Servierplatte legen. Rundherum die Nektarinen, die Papaya und die Orangen anrichten. Dann die Feigen, die Weintrauben, die Heidelbeeren, die Himbeeren und die Erdbeeren dekorativ in die Zwischenräume setzen und den Regenbogen-Früchteteller genießen.

Himbeer-Wassermelonen-Salsa

Für die Salsa

420 g Wassermelone, geschält
250 g frische Himbeeren
2 frische grüne Jalapeño-Chili-
    schoten
Saft von 4 Limetten
1 ½ TL edelsüßes Paprikapulver
1 TL Chillipulver
1 TL Zimtpulver
1 TL Salz
1 TL frisch gemahlener
    schwarzer Pfeffer

Zum Anrichten

2 reife Avocados
10 g frische Korianderblätter
3 EL salziges Müsli (siehe Rezept
    »Salziges Müsli« auf Seite 248)
essbare Blüten, nach Belieben

Salsa

Die Wassermelone in kleine mundgerechte Stücke schneiden und in eine Schüssel geben. Die Himbeeren zugeben. Die Chilischoten waschen, den Stielsansatz abschneiden und die Kerne herauslösen, dann in feine Ringe schneiden und in die Schüssel geben.

Den frisch gepressten Limettensaft, das Paprikapulver, das Chilipulver, das Zimtpulver, das Salz und den frisch gemahlenen Pfeffer zu einer Marinade rühren und über das Obst träufeln. Dann alles behutsam mit einem Holzlöffel vermengen. Die Salsa 15–20 Minuten im Kühlschrank durchziehen lassen.

Anrichten

Die Avocados längs halbieren, den Stein entfernen und schälen. Das Avocadofruchtfleisch in dünne Spalten schneiden. Die Salsa auf einer großen Platte verteilen. Dazwischen einige Avocadospalten fächerartig anrichten. Alles mit klein gezupften Korianderblättern und salzigem Müsli bestreuen. Zum Schluss mit essbaren Blüten garnieren und genießen.

Salziges Müsli

Für das salzige Müsli

120 g Haferflocken
75 g Kokosflocken oder Kokoschips
25 g Kürbiskerne
3 EL Leinsaat
3 EL Sonnenblumenkerne
3 EL Buchweizen
½ EL Sesamsamen
2 TL Sojasauce
1 TL Agavendicksaft
1 TL geschmolzenes Kokosöl
1 TL Salz
1 TL frisch gemahlener schwarzer Pfeffer

Salziges Müsli

Den Backofen auf 180 °C (Ober-/Unterhitze) vorheizen und ein Backblech mit Backpapier auslegen.

Die Haferflocken, die Kokosflocken, die Kürbiskerne, die Leinsaat, die Sonnenblumenkerne, den Buchweizen und die Sesamsamen in einer Schüssel vermischen. Die Sojasauce, den Agavendicksaft und das geschmolzene Kokosöl darüber träufeln und alles gut vermengen.

Die Mischung mit Salz und frisch gemahlenem Pfeffer abschmecken und großflächig auf dem Backblech verteilen.

Das salzige Müsli auf der mittleren Schiene 5–8 Minuten goldbraun backen, bis es aromatisch duftet. Dann samt dem Backpapier vom Backblech ziehen und aushärten lassen. Anschließend in einem Glas luftdicht verschließen.

Tipp

Das salzige Müsli passt sehr gut als Topping zu einem Salat oder einer Suppe.

Sultaninen-Mandelbutter

Diese herrlich cremige Mandelbutter ist reich an wertvollen ungesättigten Fettsäuren und ein richtiger Sattmacher. In der Verwendung sind eurer Fantasie keine Grenzen gesetzt: Sie passt zum Bananenbrot von Seite 175, zu den Kochbananentalern von Seite 233 oder als Aufstrich zu einem frischen Vollkornbrot.

für 5–8 Personen | 125 g

Für die Sultaninen-Mandelbutter

320 g Mandelkerne
1 TL Zimtpulver
¼ TL Salz
¼ TL Vanilleextrakt
60 g Sultaninen

Sultaninen-Mandelbutter

Den Backofen auf 180 °C (Ober-/Unterhitze) vorheizen.

Die Mandelkerne auf einem Backblech verteilen und im vorgeheizten Backofen 10–12 Minuten goldbraun rösten, bis sie aromatisch duften. Dabei darauf achten, dass die Mandelkerne nicht verbrennen.

Die frisch gerösteten Mandeln in einen Hochleistungsmixer füllen und noch heiß 5–8 Minuten mixen, bis eine cremige Paste entstanden ist. Dann das Zimtpulver, das Salz und den Vanilleextrakt zugeben und nochmals gut mixen, bis sich alles gut vermischt hat. Zum Schluss die Sultaninen zugeben und untermixen.

Die Sultaninen-Mandelbutter in ein Glas füllen, dieses gut verschließen und im Kühlschrank lagern.

Register

Danke

Dieses Buchprojekt hätte ich ohne die Unterstützung und die Geduld meiner Familie und Freunde nicht realisieren können. Mein größter Dank gilt daher meiner Mama und Jürgen, meinen Geschwistern Amelie, Carlo, Helen und Anna (ihr seid die besten Testesser!) und meinen wunderbaren Freunden Robin, Kathrin, Rika, Dominic, Luisa und Julia.

Ein Riesendank an meine Leserinnen und Follower auf allen Kanälen – euer Feedback bedeutet mir wirklich alles!

Meine Kooperationspartner Reishunger, Little Lunch und Veganz versorgen mich regelmäßig mit gesunden Vorräten und ermöglichen mir so meine Küchenexperimente. Tausend Dank dafür!

Ohne das Team des Knesebeck Verlags hielte ich dieses Buch nicht in meinen Händen. Danke, dass ihr an mich glaubt!

Impressum

Deutsche Originalausgabe
Copyright © 2018 von dem Knesebeck GmbH & Co. Verlag KG, München
Ein Unternehmen der La Martinière Groupe

Fotografien, Rezepte und Text
© 2018 Lena Pfetzer, Waghäusel
www.lenaliciously.wordpress.com
Coverfoto
© 2018 Erik Mosoni Corporate Photography, München
www.erikmosoni.com

Projektleitung: Elizabeth Bandulet, Knesebeck Verlag
Gestaltungskonzept und Satz: Leonore Höfer, Knesebeck Verlag
Rezeptredaktion: Irmgard Rumberger, Ramerberg
Lithografie: Reproline Mediateam GmbH, Unterföhring
Druck und Bindung: PNB Print Ltd
Printed in Latvia

ISBN 978-3-95728-099-2

Alle Rechte vorbehalten, auch auszugsweise.
www.knesebeck-verlag.de

FSC
www.fsc.org

MIX
Papier aus verantwortungsvollen Quellen
FSC® C084698